はじめてでも上手にできる

# 刺しゅうの基本

Hand Embroidery Basic

監修
川畑杏奈（annas）

 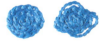 

西東社

# CONTENTS

##  Chapter 1 刺しゅうの基本 Embroidery basic

- 刺しゅうの道具 …………………………… 6
- 図案の写し方 …………………………… 11
- 刺しゅう糸の扱い方 …………………………… 12
- はじめと終わり …………………………… 13

##  Chapter 2 基本のステッチ Basic Stitch

### LINE ライン

- ＊ ランニングステッチ …………………………… 16
- ＊ ダーニングステッチ …………………………… 16
- ＊ ストレートステッチ …………………………… 17
- ＊ バックステッチ …………………………… 17
- ＊ アウトラインステッチ …………………………… 18
- ＊ 巻きつけアウトラインステッチ …………………………… 18
- ＊ 巻きつけバックステッチ …………………………… 19
- ＊ ヘリングボーンステッチ …………………………… 19
- ＊ コーチングステッチ …………………………… 20
  - バリエーション
  - コーチドトレリスステッチ …………………………… 20
  - バリエーション
  - ルーマニアンコーチングステッチ …………………………… 21
  - バリエーション
  - サーフィスダーニングステッチ …………………………… 21
- ＊ フライステッチ …………………………… 22
- ＊ フェザーステッチ …………………………… 22
- ＊ ダブルフェザーステッチ …………………………… 23
- ＊ ブランケットステッチ …………………………… 23

### PLANE 面

- ＊ サテンステッチ …………………………… 24
  - アレンジ 芯入りサテンステッチ …………………………… 24
- ＊ ロング＆ショートステッチ …………………………… 25
  - アドバイス ロング＆ショートステッチをきれいに刺すには …………………………… 25

### CHAIN チェーン

- ＊ チェーンステッチ …………………………… 26
- ＊ オープンチェーンステッチ …………………………… 26

- 巻きつけチェーンステッチ …… 27
- チェーンフェザーステッチ …… 27
- レゼーデイジーステッチ …… 28
- ダブルレゼーデイジーステッチ …… 28
  - アレンジ　チェーンフィリングステッチ … 29
  - アドバイス　丸くチェーンステッチをするときのとじ方は …… 29
  - 糸が途中でなくなってしまったら …… 29

## DOT 点

- フレンチノットステッチ …… 30
- コーラルステッチ …… 30
- バリオンステッチ …… 31
- バリオンノットステッチ …… 31
- スパイダーウェブローズステッチ …… 32
- リブドスパイダーステッチ …… 32
  - その他のステッチ …… 33

### \ STEP UP! /
### 刺しゅうをきれいに仕上げるコツ

① 基本のステッチのコツ …… 34
② 図案を刺すときのコツ …… 37
③ 自由に色を決めたいときは …… 40

本書の図案の見方 …… 40

## Chapter 3　かわいい図案580　Cute design 580

| | |
|---|---|
| 四季のモチーフ　春・夏 …… 42 | 雑貨 …… 78 |
| 四季のモチーフ　秋・冬 …… 46 | ファッション …… 82 |
| 一色でできる模様 …… 50 | キッチンツール …… 86 |
| 花 …… 54 | 野菜＆フルーツ …… 90 |
| 植物 …… 58 | カフェ＆スイーツ …… 94 |
| 犬と猫 …… 62 | 乗り物 …… 98 |
| 鳥 …… 66 | 世界・旅 …… 102 |
| 虫 …… 67 | 北欧 …… 106 |
| 動物 …… 70 | 日本 …… 110 |
| 人物 …… 74 | イベント …… 114 |

| | |
|---|---|
| ベビー＆キッズ | 118 |
| 童話 | 122 |
| アルファベット | 126 |
| ライン模様 | 130 |
| コーナー模様 | 134 |

**COLUMN**

図案を配置するときの
ポイント ………… 138

ブラウスの襟に刺しゅう
するときのポイント ………… 140

## Chapter 4 刺しゅう小物 Embroidery handmades

| | | | | |
|---|---|---|---|---|
| 1 | くるみボタン | 142 | 6 ミニポーチ | 152 |
| 2 | ミニブローチ | 144 | 7 エコバッグ | 154 |
| 3 | 鍋しき | 146 | 8 ブックカバーとしおり | 157 |
| 4 | 巾着 | 148 | 9 がま口コインケース | 160 |
| 5 | ポンポンつき巾着 | 149 | 10 トレーナー | 164 |

## Chapter 5 いろいろな刺しゅう Various embroidery

* クロスステッチ ………… 168
　クロスステッチの刺し方 ………… 170
　クロスステッチ図案 ………… 172
* ビーズ＆スパンコール刺しゅう ………… 176
　ビーズの刺し方 ………… 177
　スパンコールの刺し方 ………… 179
　ビーズ＆スパンコール刺しゅう図案 ………… 180

* リボン刺しゅう ………… 182
　リボン刺しゅうの刺し方 ………… 183
　リボン刺しゅう図案 ………… 186

**COLUMN**

紙に刺しゅうをして楽しむ ………… 190

Chapter

# 1

# 刺しゅうの基本

Embroidery basic

自由に絵柄を刺しゅうする、フランス刺しゅうの基本を解説します。
どんな道具をそろえたらよいか、どんな糸を用意したらよいかなど、
ごく基本的なことを知っておきましょう。

# 刺しゅうの道具
## Embroidery Tools

必要な道具と、その扱い方などについて、刺しゅうをはじめる前に知っておきましょう。

## 針

刺しゅうには、一般的にフランス刺しゅう針を使います。手ぬい針と違って針穴が縦にあいており、糸を何本も通して使うのに適した形になっています。

### ● フランス刺しゅう針

フランス刺しゅう針は3～10番まであり、数が大きくなると針が細くなります。針の太さは布の厚さと糸の本数（太さ）、ステッチの種類などによって使い分けます。

**針の番号と糸の本数、布の厚さの目安**

| 針の番号 | 糸の本数 | 布の厚さ |
|---|---|---|
| 3番 | 6本どり以上 | 厚地 |
| 4番 | 5～6本どり | 厚地 |
| 5番 | 4～5本どり | 中地 |
| 6番 | 3～4本どり | 中地 |
| 7番 | 2～3本どり | 薄地 |
| 8番 | 1～2本どり | 薄地 |
| 9・10番 | 1本どり | 薄地 |

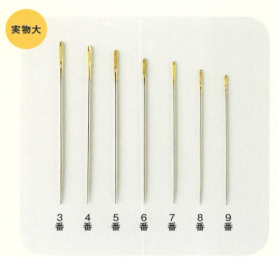

実物大

実際に刺してみて使いにくい場合は針の太さを変えてみましょう。

### ☑ CHECK!
### 自分に合ったメーカーのものを使いましょう

針はメーカーによって太さや針穴の大きさが若干違います。自分に合ったものを選んで使うとよいでしょう。

**❶ クロバー（Clover）**
フランス刺しゅう針　写真はNo.3～9
（他にNo.7～10）

**❷ ルシアン（LECIEN）**
刺しゅう針　フランス針　1号～6号

**❸ DMC**
Embroidery Needle
写真はNo.3～9（他にNo.1～5、No.5～10）

**❹ チューリップ（Tulip）**
写真左：フランス刺繍針　太番手
（No.3～No.6）
写真右：フランス刺繍針　細番手
（No.7～No.10）

## 刺しゅう糸

6本の細い木綿糸をより合わせた25番刺しゅう糸のほか、太い1本の木綿糸でできた5番刺しゅう糸などがあります。最もよく使われるのは25番刺しゅう糸です。

### ● 25番刺しゅう糸

本書ではとくに指定のないものはすべて25番刺しゅう糸を使っています。ステッチによって6本で用いたり、1本どり、2本どりなど、糸を引き出して使う場合があります。

オリムパス／DMC／cosmo／アンカー

**糸番号**
糸の番号はメーカーによって異なります。どのメーカーの何番かを確認して購入しましょう。

実物大

**糸の本数による針目の太さの違い**

6本どり／5本どり／4本どり／3本どり／2本どり／1本どり

### 25番刺しゅう糸にはこんな種類もあります

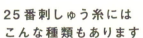

**段染め糸（グラデーション糸）**
刺しているうちに色が変化する糸です。自然と色が変わっていき、ステッチに変化がつきます。

**ラメ糸**
キラキラした光沢のある糸です。作品にアクセントをつけたいときにおすすめです。

### ● 5番刺しゅう糸

25番刺しゅう糸より太い、木綿の糸です。1本のままで使用します。クロスステッチなどに使うことが多い糸です。

### ● その他の刺しゅう糸

**アブローダー**
木綿の糸で自然なつやがあります。輪郭をかがってから切り抜く、カットワークなどに用いられます。

**ウール刺しゅう糸**
羊毛の刺しゅう糸。セーターなどのニットに刺しゅうするときに適しています。

### ☑ CHECK!

#### 糸の色落ちに注意

濃い色の場合、色落ちすることがあります。また染め方によっても色落ちする場合があるので、刺しゅうした作品を洗濯する場合は、事前に色落ちしないか確認しましょう。チャコの線を水で消すときも、糸を濡らしすぎてにじまないよう注意しましょう。

綿棒で濡らしても、色落ちしません。

水をつけると色がにじむ糸もあります。

Chapter 1 刺しゅうの基本

## 布

刺しゅうには綿や麻の平織り（縦糸と横糸を1本ずつ交差させる織り方）の布がよく使われます。針の通りがよいものがおすすめです。

**エミークロス
（オリムパス）**
綿100％

**エミークロス生成り
（オリムパス）**
綿100％

**オックスフォード
（オリムパス・cosmoなど）**
綿100％

**ジャパクロス
（オリムパス・
cosmoなど）**
綿100％

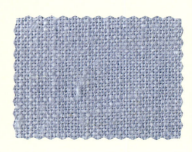

**クラッシー
（cosmo）**
麻100％

### ✓ CHECK!
#### 布と糸の色の選び方

布と糸の色の組み合わせは、色によって刺すのが比較的簡単な場合と少し難しい場合があります。

**色の明るい布に濃い糸**

明るい布に濃い糸で刺すほうが比較的やさしいでしょう。針目が粗くなってしまってもさほど目立ちません。

**色の濃い布に明るい糸**

針目がくっきりと出てしまい比較的難易度が高いです。ガタガタが目立ちやすいのと、布色が透けやすいので、いつもより多めに刺すと、きれいに仕上がります。

## その他の道具

図案を写すための道具や、作業をやりやすくするための道具です。必要に応じてそろえましょう。

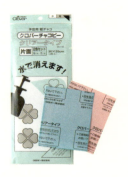

**手芸用複写紙**

布と図案の間に挟み、トレーサーで図をなぞって図案を写します。水で消えるタイプがおすすめ。

**トレーサー・ボールペン**

セロファンの上から図案をなぞり、布に図案を写すときに使います。

**チャコペン**

布に直接図案を描くときに使います。水で消えるタイプがよいでしょう。

**糸切りばさみ**

糸を切るなどの作業に使います。先が細いほうが使いやすいでしょう。

**マスキングテープ・まち針**

図案を写すときに、布と図案がずれないようにとめるとやりやすいです。

**糸通し**

刺しゅう針に刺しゅう糸を通す道具です。刺しゅう専用のものがあると便利です。

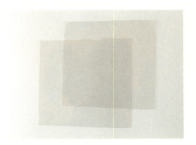

**セロファン**

図案をトレーサーで写すとき、図案の上にのせてトレースすると紙がやぶれません。

**接着芯**

薄い布に刺しゅうするときに、布の裏に当てて布の厚みを出し、刺しやすくします。

## 刺しゅう枠

刺しゅう枠は、布をピンと張るための道具です。刺しゅう枠を使うと刺しやすいですし、仕上がりもきれいです。図案の大きさによって枠の大きさを選びます。

### ● 刺しゅう枠の使い方

**1** 刺しゅう枠は二重になっています。金具のねじを緩めてとりはずします。

**2** 金具のついていない枠の上に布を置き、金具のついている枠をのせます。

**3** 金具のついている枠をはめ、布をしっかりと張って金具のねじを締めます。

### ● 大きな布以外に刺すとき

刺しゅう枠にうまく挟めないような、細いテープやハンカチの角に刺しゅうするときは、刺しゅうするものに布のハギレをぬいつけて刺しゅう枠にはめられるようにします。

[テープなどの細長いもの]

テープの上と下に、それぞれ布のハギレをぬいつけ、刺しゅう枠にはめます。

[ハンカチの角]

布のハギレを角に合うように切り、ハンカチの角にぬいつけ、刺しゅう枠にはめます。

### ☑ CHECK!

#### きれいに刺すには刺しゅう枠が必須！

刺しゅう枠を使って布をピンと張ることで、刺しやすくなります。枠を使わなくても刺せますが、布にしわが寄ってきれいに刺せないことがあります。

枠を使ったほうが刺しやすく、きれいに仕上がります。

枠を使わないと布にしわが寄り、刺しにくいです。

#### 布をピンと張りましょう

刺しゅう枠を使っていても、布がたるんだまま刺してしまうと、意味がありません。仕上がったあとにアイロンで伸ばしたりできないので、ピンと張ることが大切です。

布がピンと張った状態が理想です。

布がゆるんでしまったら、布を引っ張り、ねじを締め直します。

# 図案の写し方
Draw a design

刺したい図案を布に写すにはいくつかの方法があります。

Chapter 1 刺しゅうの基本

## 基本の図案の写し方

1 布の上に手芸用複写紙の色のつく面を下にしてのせ、その上に図案をのせ、さらにセロファンをのせます。

2 トレーサーで図案をなぞります。大きな図案の場合には、まち針などで布と図案を固定しておくと写しやすいです。

3 布に図案を写し終わったところです。

### ● 図案が写りにくい場合

布の表面がでこぼこしたり、布が薄くて手芸用複写紙で写しにくい場合、水に溶ける転写シールを使うと便利です。図案を写したシートを布に貼り、その上から刺しゅうします。シートは熱湯につけて溶かせます。

1 転写シールに図案を写します。必ず細い水性ボールペンを使用します。

2 剥離紙をはがして布に貼ります。この上から刺しゅうをし、熱湯に30分ほどつけおくとシートが溶けます。

### ☑ CHECK!
#### 薄い布に刺したい場合

薄い布は刺しづらいので、裏に接着芯を当てて布に厚みを出し、刺しゅうをしやすくします。特に貼りつけず、裏に当てて使用します。

1 布の裏側に接着芯を当てて、刺しゅう枠にはめます。

2 刺しゅうしたあとに、刺しゅうからはみ出ている接着芯を、できるだけ刺しゅうの縁のぎりぎりでカットします。

# 刺しゅう糸の扱い方
## Embroidery Thread

25番刺しゅう糸は、糸が6本より合わされています。糸の引き出し方と使いやすい長さを覚えておきましょう。

## 刺しゅう糸の扱い方

使いやすい長さ（60cm）にカットして、三つ編みして保存しておくと便利です。

### ● 基本の使い方

**1** 糸を引き出して60cmほどでカットします。

**2** 使用するときは、端を押さえて1本ずつ必要な本数を引き出します。6本どりの場合も、1本ずつ引き出さないと、もつれるので気をつけましょう。

### ● 便利な保存の仕方

**1** 刺しゅう糸1束のタグをはずしてのばし、中心で1回折り、さらに中心で1回折ります。それを3等分すると1回に使いやすい長さ（60cm）になります。わのところを切ります。

**2** タグを戻して、ゆるく三つ編みしておきます。こうすることで糸が絡まりにくく、1本ずつ引き出す際もスムーズです。

## 糸の通し方

刺したい本数をそろえ、指で押さえて二つ折りにし、折り目を針穴に押し込みます。

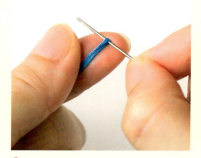

**1** 糸を針で半分に折って折り目をつけます。

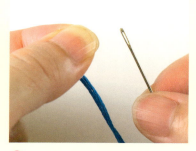

**2** 折り目を指で隠すように押さえて、針を抜きます。その後、糸をつぶします。

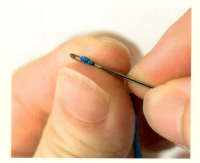

**3** 指の間からそっと折り目を出し、針穴に近づけて押し入れるように通します。

## はじめと終わり
### Start & Last

線の刺しゅうと面の刺しゅうで、はじめと終わりの方法が少し違います。それぞれの一般的なやり方です。

### 玉結びの仕方

刺しはじめは糸端に玉結びを作ってはじめるのが一般的です。

1 糸を指に巻きます。

2 指をスライドさせてねじります。

3 中指と親指で押さえて左手で糸を引きます。

### 線を刺すとき

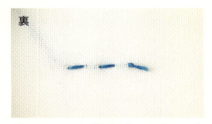
[刺しはじめ]
刺しはじめは玉結びを作って裏から出します。

[刺し終わり]
裏側で針目に糸を何回もくぐらせて絡め、糸を切ります。

### 面を刺すとき

[刺しはじめ]
1 図案の中心に2目並ぬいをします。並ぬいはランニングステッチ（P16参照）と同じ要領です。

2 糸が抜けてしまわないように糸端をぎりぎりまで引き、布の表側に少し残します。並ぬいの上に針を刺します。

3 はさみで表に出ている糸端をぎりぎりで切ります。こうすると糸が絡まってとまります。

[刺し終わり]
裏側の糸に2回ほどくぐらせて絡め、糸を切ります。

Chapter 1 刺しゅうの基本

## 糸のつぎ方

糸をつぎ足したい場合は、新しい糸を刺しゅうの裏側に通して絡めてからはじめます。

## 仕上げの仕方

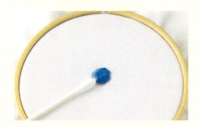

**1** チャコペンの線を、水で湿らした綿棒でなぞって消します。霧吹きで水を吹きかけてもOK。

**2** 枠からはずし、刺しゅうがつぶれないように（タオルなどを敷いてもよい）布の裏側を上にして置き、全体にアイロンをかけて整えます。

## ☑ CHECK!

### 糸のねじれを直しながら刺し進めましょう

刺していると、糸がねじれてきます。そのまま刺していると刺した面のつやが出なかったり、絡まる原因になってきれいに仕上がりません。糸がねじれたら、そのつど直しましょう。

糸のねじれを直した状態で刺します。

糸がねじれた状態。

### 裏写りしないように刺しましょう

いくつか図案を刺す場合、薄い色の布だと、裏で渡した糸が見えてしまうことがあります。図案ごとに裏で糸の始末をし、新しくはじめるようにすると裏写りせずに仕上がります。

ひとつひとつ糸を始末しているので見えません。

図案から図案へ渡った糸が見えてしまいます。

### 裏の糸の絡まりに注意

表ばかりに気をとられていると、裏がぐちゃぐちゃになってしまうことがあります。ハンカチなどのように裏も見える場合があるので、裏もきれいに仕上げましょう。裏で糸が絡まってしまったら、応急処置としてはみ出している糸をぬいとめればOKです。

**1** 糸が絡まって輪ができてしまいました。

**2** はみ出した輪を図案の中に隠すように上からぬいとめます。

Chapter

## 2

# 基本のステッチ

Basic Stitch

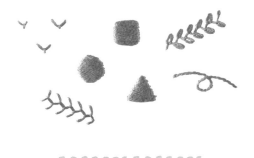

よく使われる基本のステッチの刺し方を紹介します。
ラインの刺し方、面を埋める刺し方、
点の刺し方などに分けて解説します。

Basic Stitch ① **LINE** ライン

## ＊ランニングステッチ

ライン状に針目の長さが同じになるように刺すステッチ。針目の間隔をそろえて刺すときれいに仕上がります。輪郭線を描くときなどに使われます。

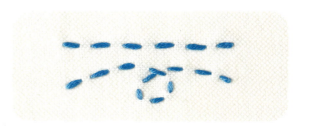

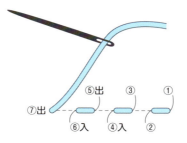

**きれいに見える針目の長さ**

ステッチの針目は、表目が3㎜くらい、間隔が2㎜くらいがきれいに見えます。

**1** 図案の線上を針目の長さがそろうように刺します。

**2** 針を入れる、出すをくり返しながら、一定の間隔で刺し進めます。

## ＊ダーニングステッチ

ランニングステッチと同じ刺し方で面を埋めるステッチ。何本も交互に並べて模様にしたり、裂けた衣類のつくろいなど、布の補強に用いたりします。

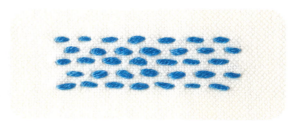

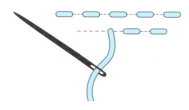

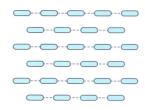

**1** ランニングステッチの要領で1列作ります。

**2** 2列目からは、針目を少しずらして出すように刺します。

**3** きれいな模様になります。

## *ストレートステッチ

縦や横に1本だけ刺すステッチ。針目の長さを変えたり、方向を変えたりして、ラインや円などの模様を描くことができます。

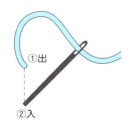

1　①から針を出して②に入れます。

2　一針で線を描きます。

3　針目の長さや刺す方向を変えると、模様ができます。

## *バックステッチ

返しぬいの要領で一針ごとに戻りながら刺し進めるステッチ。同じ長さの針目がすき間なく並んだ状態です。輪郭線などの線を表すのに用いられます。

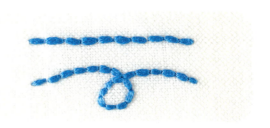

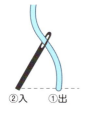

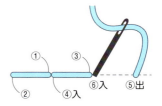

1　①から針を出して②に入れます。

2　一針分先に針を出し、戻って、①と同じ位置に針を入れます。

3　1、2をくり返します。

Basic Stitch ① **LINE** ライン

## ＊アウトラインステッチ

半分ずつ針目を重ねて線を表すステッチです。半針先に針を出し、重ねるときに針を入れるようにすると、糸を割らずにきれいに刺せます。

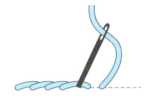

**1** ①から針を出して②に入れます。

**2** ①の半針先に針を出し、前に刺した糸を割らないように、糸の下に針を入れます。

**3** 1、2をくり返します。できるだけ針を糸の下に入れ、縄のような仕上がりにするときれいです。

## ＊巻きつけアウトラインステッチ

アウトラインステッチに別の糸を巻きつけるステッチ。ラインにストライプ模様が入ります。文字を刺しゅうするときなどによく用いられます。

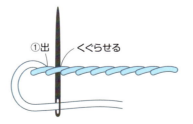

**1** アウトラインステッチを刺します。

**2** 別糸をステッチの糸の下の①から出し、次の針目に糸をくぐらせます。布は刺さないで糸のみにくぐらせます。

**3** くり返すとストライプになります。最後は糸の下の②に針を入れます。

## ＊巻きつけバックステッチ

バックステッチに別の糸を巻きつけるステッチ。巻きつけアウトラインステッチと同様に、ラインにストライプが入ります。

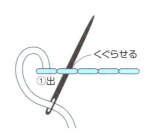

**1** バックステッチを刺します。

**2** 別糸をステッチの糸の下の①から出し、次の針目に針をくぐらせます。布は刺さないで糸のみにくぐらせます。

**3** くり返しくぐらせ、最後は糸の下の②に針を入れます。

## ＊ヘリングボーンステッチ

上下交互に布をすくいながら進んでいくステッチ。間隔を詰めたり離したりすることで印象が変わります。線を引いておくと刺しやすいです。

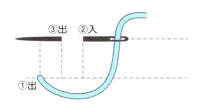

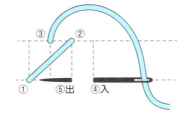

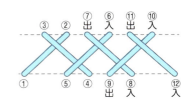

**1** ①から針を出し、対角線上の②に入れて横に布をすくい、③から針を出します。

**2** ③の対角線上の④に針を入れ、②から③と同じ針目の長さを横にすくい、⑤から針を出します。

**3** 1、2をくり返します。

Basic Stitch ① **LINE** ライン

## ✽ コーチングステッチ

先に渡した芯糸を、別の糸でとめていくステッチ。芯糸と別糸の色を替えて、いろいろな配色を楽しむことができます。

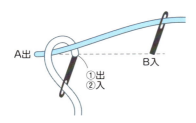

**1** 図案に合わせて芯になる糸をAから出してBに入れます。別糸を①から出して②に入れてとめます。①と②は同じ穴に刺します。

**2** とめる糸は、等間隔に刺します。カーブを刺すときは細かくとめるときれいです。

### バリエーション

## ✽ コーチドトレリスステッチ

コーチングステッチの仲間で、格子状に渡した糸の交点を別の糸でとめていくステッチです。別の糸は左右両方からとめて×印にしてもOK。

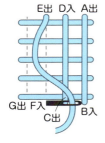

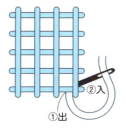

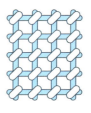

**1** 横に渡す糸を刺し、横糸に対して垂直に、格子状になるように縦に刺します。

**2** 別糸を①から出して②に入れ、横糸と縦糸の交点をとめていきます。

**3** 1列ずつバランスを見ながらとめます。

● バリエーション

## ＊ルーマニアンコーチング ステッチ

長めのストレートステッチの中央を、斜めにとめていくステッチ。畳の蓆のような針目になります。面を埋めるときによく用いられます。

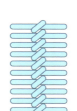

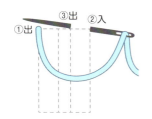 

**1** ①から出し、②に入れて、中央やや右寄りの③から針を出します。

**2** 横に刺した糸をまたいで④に針を入れ、糸をとめます。③から④の針目は②から③の針目の長さの半分ほどにします。

**3** 1、2をくり返します。

---

● バリエーション

## ＊サーフィスダーニング ステッチ

横に渡した糸を交互にすくうようにくぐらせて刺していくステッチ。かごの編み目のようになります。バスケットフィリングステッチとも呼びます。

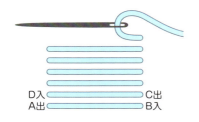 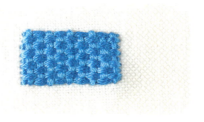 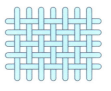

**1** 横に渡す糸を順に刺します。

**2** ①から出して糸を交互にくぐらせて②に入れます。となりの③に出して、同様に交互にくぐらせます。

**3** 2をくり返します。

Basic Stitch ①　LINE　ライン

## ✽ フライステッチ

Yの字のように刺すステッチ。三角形を作るように刺すとやりやすいです。最後にとめるストレートステッチの針目の長さを短くするとV字になります。

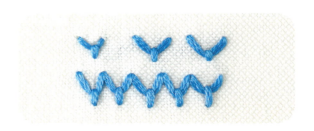

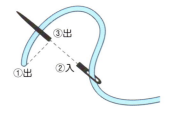
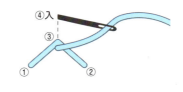

**1** ①から針を出して横の②に刺し、③から針を出して糸をかけます。

**2** ④に針を入れ、縦にストレートステッチを刺してとめます。

**3** ひっくり返すとこのような形になります。

## ✽ フェザーステッチ

羽根のような形のステッチ。ライン模様として使ったり、茎や葉を表現したりします。基準の線を縦に4本引いておくと刺しやすいです。

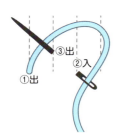
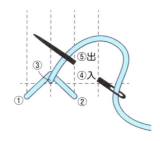
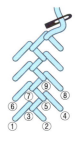

**1** ①から針を出して横の②に刺し、③から針を出して糸をかけます。

**2** ③と同じ高さの④に針を入れ、中央一針分上の⑤に出して1のように三角を作ります。

**3** 右左くり返して刺し進めます。最後は針目の外側に針を入れます。

## ＊ダブルフェザーステッチ

フェザーステッチを同じ方向に2回ずつ刺し進める
ステッチ。フェザーステッチより幅が太くなります。
ラインのバリエーションとして使えます。

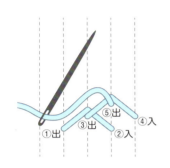
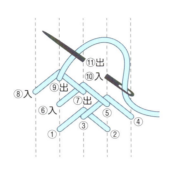
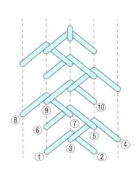

**1** フェザーステッチの1と2を刺します。

**2** 同じ要領で反対方向に2回刺し進めます。

**3** 左右交互に2回ずつくり返して刺し進めます。

## ＊ブランケットステッチ

アップリケの縁かがりにも使われます。間隔を詰
めて刺すと、ボタンホールのかがりに使う、ボタ
ンホールステッチとなります。

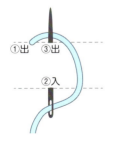
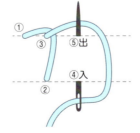
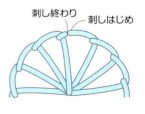

**1** ①から出した針を、横の下②に入れ、③から出した針に糸をかけて引き締めます。

**2** 同様に③の横の下の④から入れ、⑤に出した針に糸をかけて引き締めます。縦の針目の長さをそろえるときれいです。

**3** 円形に刺すときは、中心を同じ穴に刺します。最後は糸をまたぐ形で外側に入れます。

Basic Stitch ② **PLANE** 面 ●▲■●▲■●▲■●▲■●

## ✳ サテンステッチ

面を埋めていくステッチです。最初に基準となる1本を刺し、基準に対して平行に刺し進めていくときれいに仕上がります。

**1** 図案が円など上下左右対照の場合は、中央に基準を作って半分ずつ埋めていきます。（円以外の形の刺し方はP37参照）。

**2** 布が見えないように刺していきます。一針ずつ、針を出し入れして進めるほうが、仕上がりがきれいになります。

**3** 図案の端まで刺したら、残りの半分も同様に刺します。

---

アレンジ

## ✳ 芯入りサテンステッチ

サテンステッチをふっくらと刺したいときは、図案の下に太い糸でランダムに下地を刺してからサテンステッチを刺します。立体感を出したいときに使います。

**1** 芯となるストレートステッチをランダムに刺します。

**2** その上にサテンステッチを刺します。

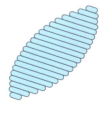

**3** ふっくらと仕上がります。

## ＊ロング＆ショートステッチ

長い針目と短い針目で面を埋めるステッチ。面積が広く、サテンステッチでは針目が長すぎてきれいに仕上がらない図案の場合に使います。

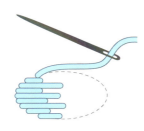

**1** 図案の端から長い針目と短い針目をランダムに刺して埋めます。

**2** 端が埋まったら、少し先に針を出し、平行を保ちながら長短の変化をつけて間を埋めていきます。

**3** すき間を埋めるように刺し進めます。

### アドバイス ロング＆ショートステッチをきれいに刺すには

ロング＆ショートステッチの針目の長短は、きっちりそろえても自由に刺してもOK。
ただし、糸と糸は平行に刺し、糸と糸の間隔も統一するようにしましょう。

**きっちり**
長短の幅をきっちり決めて刺すと写真のような仕上がり。

**ランダム**
長さをランダムに刺すと表面が平らに近い感じに。

### POINT
**ステッチの幅**

短いステッチばかりで刺すと、穴だらけで美しくないので、一目は1cm前後のサイズのステッチで埋めます。

ロング：1cmくらい
ショート：0.8cmくらい

Basic Stitch ③ # CHAIN チェーン

## ✳ チェーンステッチ

小さな輪をつなげたようなステッチ。太めの線を表すことができます。輪のサイズをそろえるのがきれいに見えるポイントです。

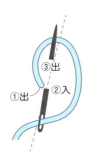 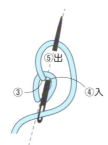 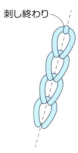

**1** ①から針を出し、同じ穴の②に入れ、③に出した針先に糸をかけて上に引き出し、輪を作ります。強く引きすぎると輪が細くなります。

**2** 輪の中の④に針を入れ、一針分先の⑤に出して糸をかけ、引き出します。

**3** 1、2を、輪の大きさをそろえてくり返します。刺し終わりは輪の外に針を入れます。

## ✳ オープンチェーンステッチ

チェーンステッチの根元が離れたような形のステッチ。四角い鎖のような模様になります。ふんわりと輪を残しながら進めましょう。

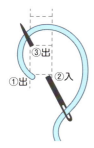 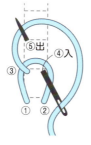 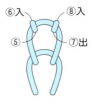

**1** ①から針を出し、横に離して②に入れ、②の対角線上の③から針を出します。糸をかけ、斜め上向きに針を引き出して輪を作ります。次に続けるために糸を引きすぎないのがポイント。

**2** ①の対角線上の④に針を入れて、④の対角線上の⑤に出します。

**3** 1、2をくり返し、四角い鎖状にします。最後はチェーンの角の2か所でとめます。

## ＊巻きつけチェーンステッチ

チェーンステッチに別の糸を巻きつけるステッチです。ラインにストライプ模様が入ります。文字を刺しゅうするときなどによく用いられます。

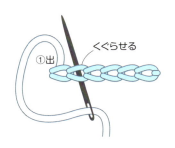

**1** チェーンステッチを刺し、別糸を①から出し、チェーンステッチの輪をくぐらせます。

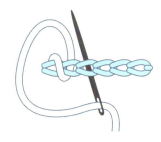

**2** 布は刺さないで糸のみにくぐらせます。

**3** 1、2をくり返して糸を巻きつけていきます。最後は糸の下の②に針を入れます。

## ＊チェーンフェザーステッチ

つたの葉を描いているようなステッチです。基準となる線を縦に4本引いておくと刺しやすいです。

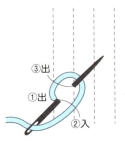

**1** チェーンステッチと同じ要領で、①から針を出し、同じ穴の②に入れ、①の対角線上の③に出して糸をかけ、上に引きます。

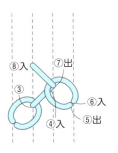

**2** ③の斜め上の④に針を入れます。斜め下の⑤から針を出して同じ穴の⑥に入れて⑦に出し、糸をかけます。

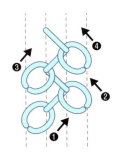

**3** 1、2をくり返して右左に刺し進めていきます。

Basic Stitch ③ **CHAIN** チェーン

## ✲ レゼーデイジーステッチ

放射状に刺して花を表現するときによく使われるステッチ。並べたり散らしたりしていろいろな模様に展開できます。

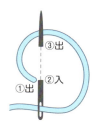

**1** ①から針を出し、同じ穴の②に入れ、針先を一針分先の③に出します。糸をかけ、上に糸を引いて輪を作ります。

**2** ③のすぐ上の輪の外側の④に針を入れます。

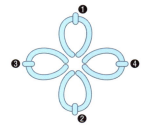

**3** 図のような図案の場合、上下左右の順に刺すとバランスがとりやすいです。

## ✲ ダブルレゼーデイジーステッチ

レゼーデイジーステッチを2重に刺したステッチです。輪の中にもう1回輪を刺します。1回だけだと輪の中があいて気になるときに使います。

**1** レゼーデイジーステッチを刺します。

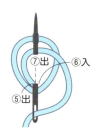

**2** 輪の中にもう1つレゼーデイジーステッチを刺します。

**3** 内側の輪の最後で外側に針を入れます。

アレンジ
# ＊チェーンフィリング
　ステッチ

チェーンステッチで面を埋めるステッチ。サテンステッチの代わりに面を埋めたり、カゴや屋根など質感を出したいときに使います。

### 丸を埋めるとき
外側から内側に、円を1回ずつ完成させながら埋めていきます。

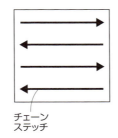

### 四角を埋めるとき
1列作ったらとめて終わらせ、列をたくさん並べて面にします。

### 複雑な形を埋めるとき
アウトラインステッチで輪郭を刺してから内側をチェーンステッチして埋めていきます。輪郭をアウトラインステッチで刺すのは、アウトラインステッチは重ねて刺すと、仕上がりがチェーンステッチに似ているためです。

アドバイス

## 丸くチェーンステッチをするときのとじ方は

1　チェーン1個分をあけて最初の輪に針をくぐらせます。

2　針を最後の輪の穴に刺します。

## 糸が途中でなくなってしまったら

1　糸が少なくなったら、輪の外に針を入れて糸を終わらせます。

2　新しい糸を最後の輪の中から出して続きを刺します。1でとめた糸は輪に隠れます。

# Basic Stitch ④ DOT 点

## ＊フレンチノットステッチ

小さな結び目を作るステッチです。糸の本数や巻く回数で結び目の大きさが変わり、通常は2回巻いて作ります。密集させて刺すと面を埋めることができます。

**1** ①から針を出し、針に糸を2回巻きつけます。

**2** ①とほぼ同じ穴の②に針を入れ、刺した針を垂直に立てます。糸を締め、針を裏へ引き抜きます。

### 結び目の位置を直したいときは

フレンチノットステッチは、結び目を1か所でとめているので、刺したあとでも動かすことができます。

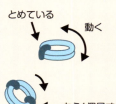

**1** 結び目をとめている輪を軸に位置を調整します。

**2** 位置を決めたら上からもう1か所刺しとめます。

## ＊コーラルステッチ

結び目を作りながら刺していくステッチ。飾りけいなどに使えます。

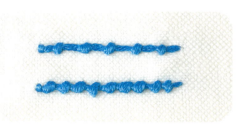

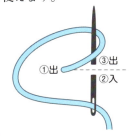

**1** ①から針を出します。結び目を作る位置の布を小さく（②から③を）すくって針先に糸をかけてから抜き、糸を引いて結び目を作ります。

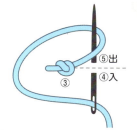

**2** 1と同様に④から⑤をすくい糸をかけて結び目を作ります。

**3** 同様にくり返します。

## ✲バリオンステッチ

針に糸を巻きつけて作るステッチ。細長いコイルのような形になります。糸の本数や巻く回数を変えると太さや長さが変わります。

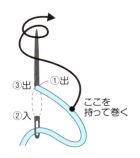 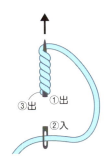 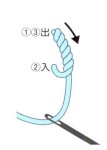 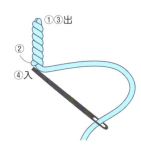

**1** ①から針を出し、5～7mm戻った②に入れて再び①と同じ穴の③に針先を出します。針先に糸を巻きます。

**2** 6～10回巻くとよいでしょう。その後、針を上に引き抜きます。

**3** 巻いた糸を親指でしっかり押さえて針を抜き、ゆっくり糸を引いて下に向けて糸を締めます。

**4** ②と同じ穴の④に針を入れます。

## ✲バリオンノットステッチ

バリオンステッチの要領で針に糸を巻いて作った輪を、小さな玉になるように丸めて刺すステッチです。

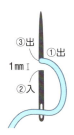 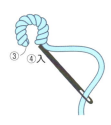 

**1** ①から針を出し、1mmほど戻って②に入れ、①と同じ穴の③に針先を出します。

**2** バリオンステッチ1～3の要領で針に糸を巻きつけて糸を引き締め、③のとなりの④に針を入れます。

**3** 作ったステッチがたち上がってしまうので、⑤に針を出し、輪の外の⑥に入れてとめます。

Basic Stitch ④ DOT 点

## ＊ スパイダーウェブローズ ステッチ

放射状に刺したストレートステッチの土台に、1本おきに糸をくぐらせて織るように巻きつけていくステッチ。うず巻き状の花のようになります。

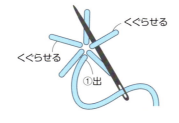

1　ストレートステッチを放射状に5本刺します。

2　中心のきわの①から針を出し、布を刺さないように、ストレートステッチの糸を交互にくぐらせます。

3　ほどよいサイズになったら、うず巻きの下に針を入れます。

## ＊ リブドスパイダーステッチ

ストレートステッチで土台を刺したあと、くもの巣のように巻きかがっていくステッチ。糸をくぐらせるときに糸を割らないよう、針の頭からくぐらせます。

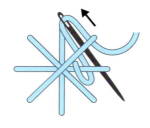
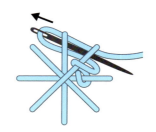
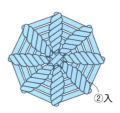

1　ストレートステッチを図のように重ねて4本刺し、土台とします。中心のきわの①から針を出します。

2　①の前後の土台糸2本の下に針をくぐらせます。

3　同様に、出した糸の前後の2本の土台糸の下に針をくぐらせます。

4　ほどよいサイズになったら、ステッチの下に針を入れます。

## その他のステッチ

基本のステッチ以外にもさまざまなステッチがあります。

* **ツイステッド　チェーンステッチ**

糸をねじるように刺すチェーンステッチの応用です。

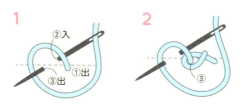

①に出したら、少し離れた②に入れ、③に出して糸をかける。

* **スクロール　ステッチ**

針先に糸をかけながら横に進みます。

①に出したら、小さく布をすくい、糸をかける。

* **ダブルクロス　ステッチ**

糸をクロスさせて刺し、さらに上に十字を刺します。

クロスに刺したら、間の⑤に出し、プラスの形に刺す。

* **ケーブルステッチ**

斜めに渡した糸に2回ずつ糸をかけながら進みます。

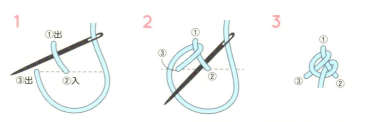

①、②と斜めに糸を渡したら、その糸に2回針をくぐらせ、糸をかける。

# 刺しゅうをきれいに仕上げるコツ

基本のステッチの刺し方、図案の刺し方で、こんなことに気をつけるときれいに仕上がるというコツを例を挙げながら紹介します。

## STEP UP! ① 基本のステッチのコツ

### ▶ アウトラインステッチ

#### \\ きれいなラインを描きたい！ //

アウトラインステッチを刺すときは、糸を割りやすいので、本書では右の実践のように一目進んだところに一度出し、上から刺す方法をおすすめしています。必ず一定の位置に出してラインをそろえるように刺しましょう。

刺すときは、重ねる方向を決めて、一定の向きに対し進めます。

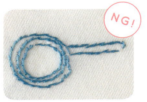

糸を出す場所がまちまちでフライパンの縁や取っ手のラインが乱れています。

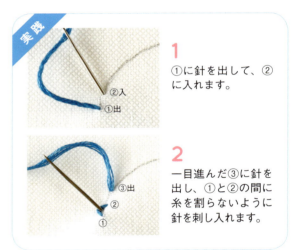

**1** ①に針を出して、②に入れます。

**2** 一目進んだ③に針を出し、①と②の間に糸を割らないように針を刺し入れます。

#### \\ 角をきれいに刺したい！ //

角を刺すときは、続けて刺すと角ばった形になりません。きれいに刺す方法を紹介します。

曲がり角がきちんときれいに曲がっています。

曲がった後の一針目が斜めになっています。

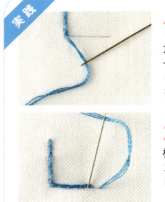

**1** 角まできたら、角で一旦ステッチを終わらせ、改めて角に針を出します。

**2** 横方向にアウトラインステッチを刺しはじめます。

▶ サテンステッチ

## 面をすき間なく刺したい！

サテンステッチはすき間があるときれいに見えません。すき間ができてしまったら、上から重ねて刺すとよいでしょう。

針目がそろって面がきれいに埋まっています。

針目がそろっておらず、すき間があります。

すき間ができてしまったら、上から重ねてサテンステッチを刺します。写真は刺し埋めているところです。特に白は下の布の色が出やすいのでいつもよりたくさん刺すと色もしっかりのってきれいに見えます。

## 曲線をきれいに埋めたい！

サテンステッチで曲線を埋める場合、端から埋めていくと、進む方向を見失いがちです。ガイド線を刺しておくときれいな放射になります。

きれいな面になっています。

外側の線を刺してから埋める方法もありますが枠線を刺さなくてもきれいにできます。

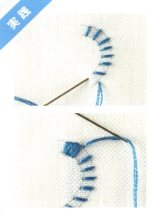

**1** カーブのある面を埋めるときは、何か所かに放射状にガイド線を刺しておきます。

**2** ガイド線の間を埋めていきます。

---

**Q** 少しずつ細くする場合はどう刺す？

**A** ガイド線を図案に合わせて刺しましょう

右のような先が細い図案の場合、平行に刺そうとすると上にいくにつれて針目の幅が小さくなってしまいます。幅の小さなステッチは、つやが出ないため仕上がりがきれいになりにくく初心者には難しく感じるものです。できるだけステッチの幅を残しながら刺すために、右のようにガイド線を刺して頂点までの自然な流れをまず作り、その間を埋めるとうまくいきます。

Chapter 2 基本のステッチ

STEP UP!

## ▶ チェーンステッチ

### \\ 面をすき間なく刺したい！ //

チェーンステッチで面を埋める場合は、ふっくら刺そうとせずに、小さく細かく刺していくとよいでしょう。

2本のチェーンステッチでカバンのベルトを刺しています。ステッチの大きさがそろってきれいです。

チェーンステッチの大きさがいろいろで、すき間ができてしまいました。

実践

チェーンステッチで面を埋めるときは、チェーンを小さく細かく刺して輪を小さく仕上げるとすき間ができにくいです。

**Q すき間ができてしまったら**

**A** チェーンステッチで面を埋めるときにすき間ができてしまったら、間にストレートステッチを刺して埋めます。

## ▶ チェーンステッチやチェーンフェザーステッチ

### \\ 形をきれいに刺したい！ //

図案の線の上にステッチの位置や、丸などのガイド線を入れておくと刺しやすいです。

図案のラインだけでなく、ガイド線を描き足すと刺しやすくなります。

チェーンの大きさや形が一定で美しく、フェザーの幅もそろっています。

チェーンフェザーステッチやコーラルステッチなども、輪の位置のガイド線を描いておくと刺しやすいです。

## STEP UP! ② 図案を刺すときのコツ

### ＼＼ サテンステッチでいろいろな形を刺すには ／／

サテンステッチは形によって、刺しはじめの位置や方向を変えると刺しやすくなります。
曲線のものはガイド線を刺してから刺しましょう。

#### 円

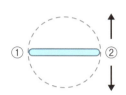

円は、端から埋めていくのが難しいです。そのため、中央にガイド線を刺し、上下に分けて埋めていきます。

#### 三角

**小さな三角**

2辺①②、③④とガイド線を刺し、放射状に中を埋めます。

**大きな三角**

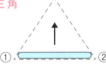

下の辺を刺してから、上へと平行に刺していきます。

#### ハート

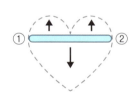

中心に1本ステッチを入れると半円が3個できます。それを1個ずつ埋めていきます。埋める順番は好きなところからでよいでしょう。

#### 四角

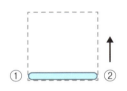

下の辺に一目刺し、平行に上へ刺していきます。四角以外にも端が直線の図案は、すべて同じように端から埋めます。

#### ドーナツ形

ドーナツ形のような曲線の場合は、放射状にガイド線を刺してその間を埋めていきます。

OK!

中心の円もきれいに埋まって、まわりのドーナツ形もきれいです。

NG!

となりを順に刺していくと、放射の刺しゅうがうまくいきません。

**実践**

**1**
輪の何か所かに放射状にガイド線を刺しておきます。

**2**
ガイド線の間を埋めていきます。

STEP UP!

## \\\\ 葉っぱをきれいに刺す //

葉っぱの図案はサイズによって刺し方を変えるとうまく刺すことができます。
きれいに刺す方法を知っておくと役立ちます。

### I 2〜3cmくらいの葉っぱ

サテンステッチの糸で葉脈を表現します。

**1** 葉先に3本のガイド線となるストレートステッチを刺します。

**2** ステッチの間に放射状にステッチを刺し入れ、すき間を埋めます。

**3** 葉のつけ根へ、片側ずつ、斜めにサテンステッチをします。

### II 1cmくらいの葉っぱ

斜めにガイド線を刺して、右側、左側と半分ずつ埋めます。このとき、傾斜をしっかり保ちながら刺すのがコツです。

### III 5mmくらいの小さな葉

中心に縦1本のステッチを刺します。半分ずつ刺して埋めます。

---

**Q** サテンステッチ一色でパーツを刺し分けるには？

**A** 刺す向きを変えて溝を作りましょう

四角い図案が横に2つ並んでいるような場合、境界線と同じ向きに刺してしまうと、2つの四角はくっついて、境界線がわからなくなってしまいます。となり同士で質感を変える場合は、左下写真のように向きを変えて刺して溝を作ります。このとき、となり合う糸は同じ穴に刺すようにします。すき間をあけると仕上がりが美しく見えません。

となり合う糸は同じ穴に刺します。

OK!
向きを変えることで溝を作り、質感を変え、違いを表現します。

NG!
同じ向きに刺すと境目がわからず、ただの長方形に見えます。

## \\\\ 目を上手に仕上げる //

サテンステッチで、人物や動物の目を表現するときの刺し方です。
目の大きさによって刺し方を変えると、かわいく仕上がります。

### 大きな目
目を先に刺し、そのあとに顔を刺す

目を先に刺し、そのあとにまわりの顔を刺します。目のサイズをあけて、後から目を埋めるほうが難しいです。

### 小さな目 1
顔を刺したあとでフレンチノットステッチを刺す

サテンステッチで顔を埋めたあと、フレンチノットステッチで目を刺します。顔のサテンステッチの糸をまたいで刺すと埋もれません。目を刺したためにすき間があいてしまったら、顔のサテンステッチを足しておきます。

### 小さな目 2
顔を刺したあとでサテンステッチを刺す

サテンステッチで顔を埋めたら、上から2〜3本のサテンステッチで目を刺します。顔のサテンステッチと刺す向きを変えると埋もれません。

---

**Q** どこから刺してよいか迷ったら？

**A** 手前にある図案から先に刺します

木の実や花など、図案が奥に重なっているように仕上げたい場合は、手前の実から先に刺します。奥の実を先に刺すと、手前の実の形をあけながら刺すのが難しいためです。

## STEP UP! ③ 自由に色を決めたいときは

慣れてきて、図案の色を自由に決めたいと思ったとき、図案の中の各パーツを、どんな色で刺すかは、はじめに決めておくほうがあとで困りません。配色の決め方のコツを、下の図案を例として紹介します。

### 配色の順番のおすすめ

**1 肌や髪の色**

まず肌の色、髪の色など、絶対にこの色でないといけないという色を選びます。

**2 メインカラー**

次にメインカラーを決めます。この場合のメインカラーは布の色と同じピンクとしました。

**3 その他**

好きな色の刺しゅう糸を5～10色並べてみて、振り分けていきます。最初は色数を抑えておくとまとまりやすくなります。図案に色鉛筆で色を塗っておくと、イメージしやすいです。

---

### 本書の図案の見方

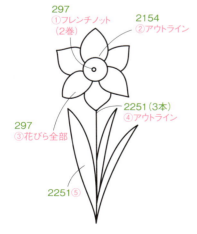

糸はすべてcosmo。指定以外は2本どり。
指定以外の面はサテンステッチ。

「かわいい図案580」(P42)で掲載している図案は、すべてできあがりと同じ大きさ（原寸大）です。

それぞれの図案は、糸の色番号（糸の本数）、刺す順番、ステッチ名の順に紹介されています。糸のメーカーは、欄外に記載しました。ステッチ名は「ステッチ」を省略して「ランニング」と記載しています。糸の本数は（　）内に（1本）と記載し、とくに記載のない場合は、欄外に「指定以外2本どり」などと記載しています。

またステッチ名も、記載のないものは欄外に「指定以外サテンステッチ」などと記載しています。また、フレンチノットステッチは、巻く回数を、「1回巻き」なら（1巻）というように表しています。

**【例：左の図案】**

「2251（3本）④アウトライン」は、cosmoの25番刺しゅう糸の2251番を3本どり、刺す順番が④番目、アウトラインステッチで刺す、ということです。複数枚ある花びらや葉など、同じ色で同じように刺すものは、記載を省略している場合があります。

**【クロスステッチの場合】**

クロスステッチは図案の1マスが「×」一目分になります。糸の本数、メーカー名は図案の欄外に記載しています。図案の下の記号と番号は糸の色を表しています。

Chapter

# 3

# かわいい図案580

Cute design 580

いろいろな作家によるワンポイント刺しゅうとその図案集です。
季節や、植物、動物、雑貨などなど、
さまざまなテーマの図案があります。
単独で刺しても、組み合わせて刺してもかわいいです。

# 四季のモチーフ 春 / Motif of Spring

# 四季のモチーフ 夏 / Motif of summer　図案デザイン・制作／川畑杏奈（annas）

Chapter 3　かわいい図案580

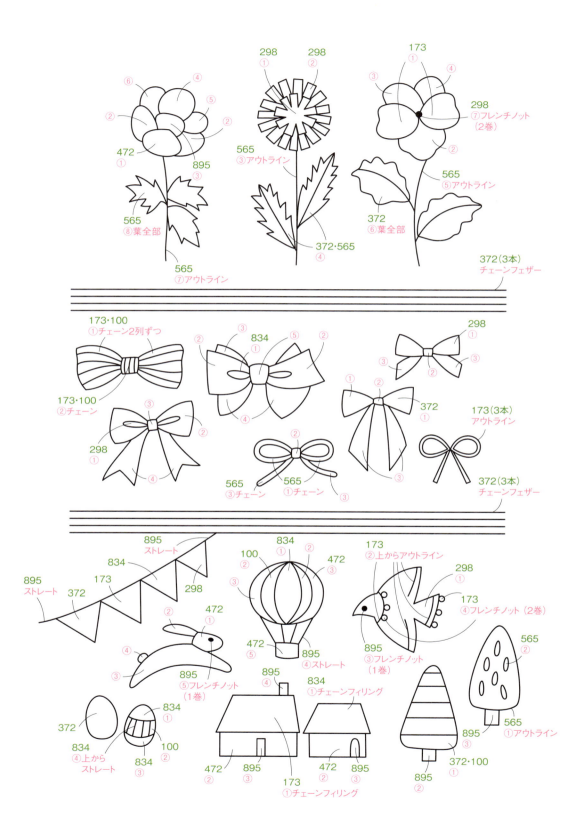

44　糸はすべてcosmo。指定以外は2本どり。指定以外の面はサテンステッチ。

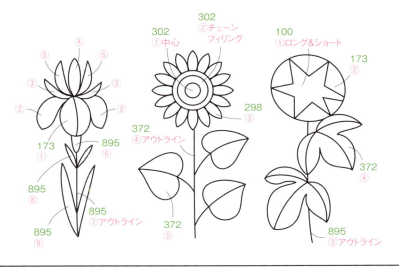
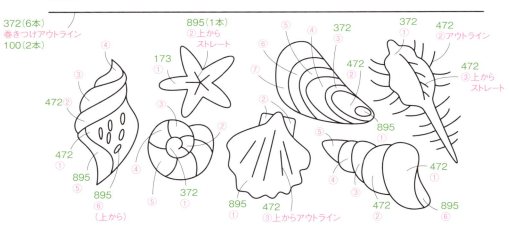
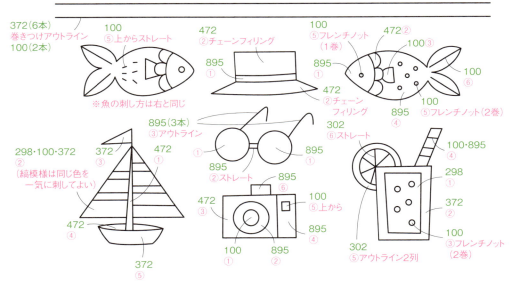

# 四季のモチーフ 秋 / Motif of autumn

# 四季のモチーフ 冬 Motif of winter　図案デザイン・制作／川畑杏奈（annas）

Chapter 3 かわいい図案580

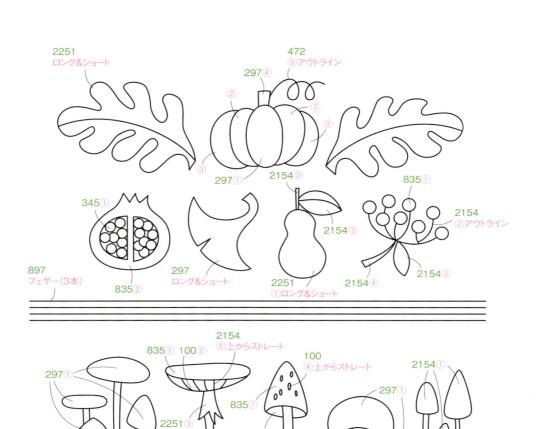
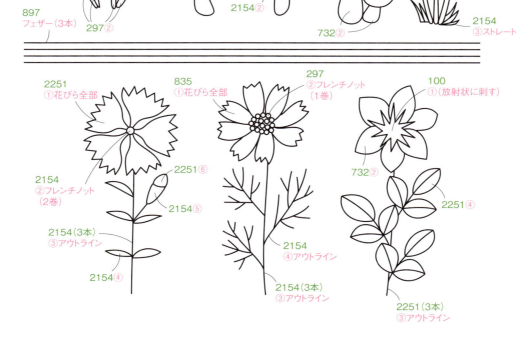

48　糸はすべてcosmo。指定以外は2本どり。指定以外の面はサテンステッチ。

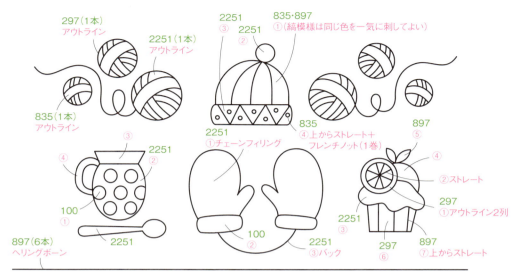
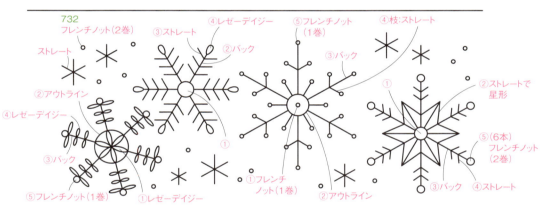
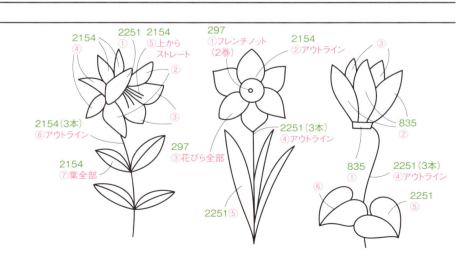

# 一色でできる模様 / Monochrome design

図案デザイン・制作／マカベアリス

Chapter 3 かわいい図案580

51

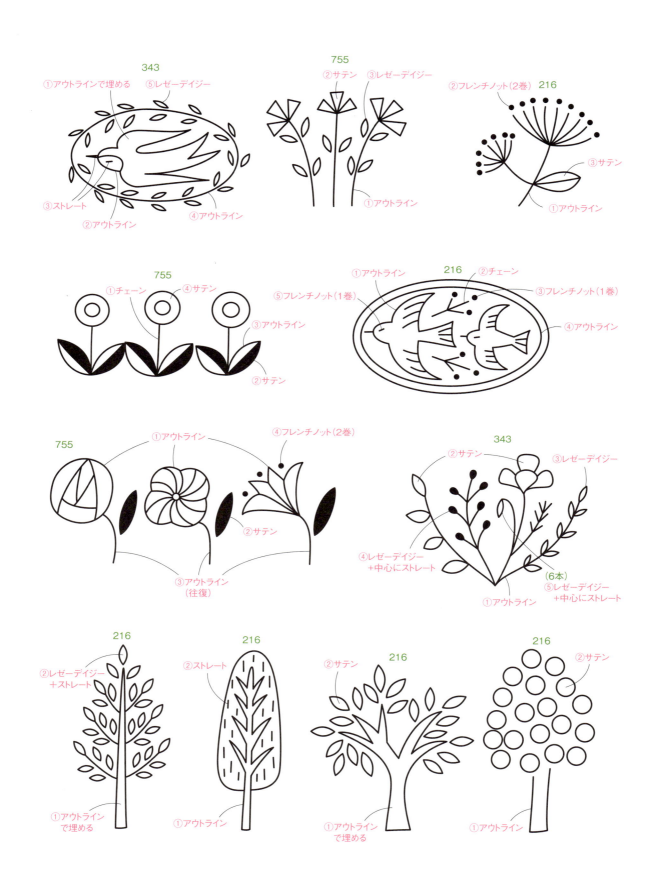

# 花 / Flower

図案デザイン・制作／PieniSieni

Chapter 3 かわいい図案580

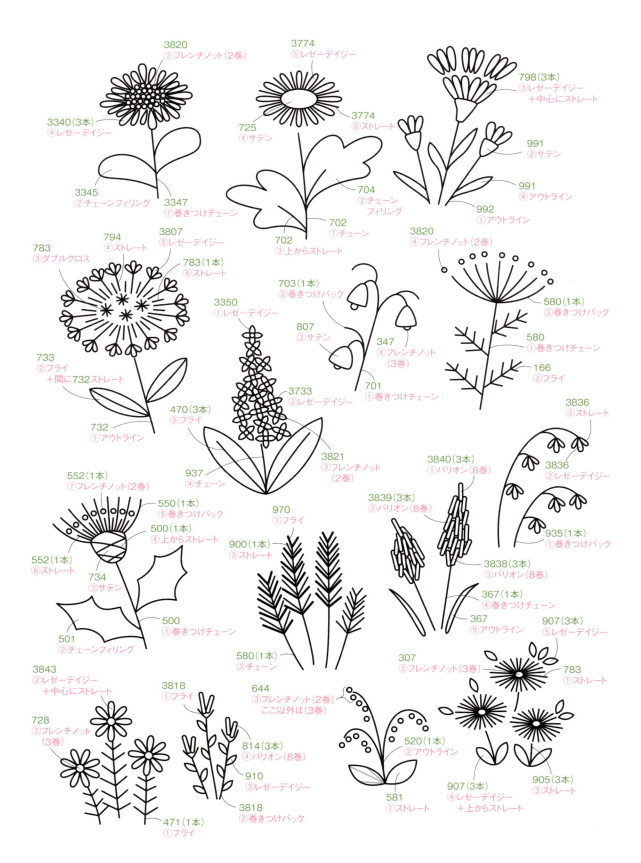

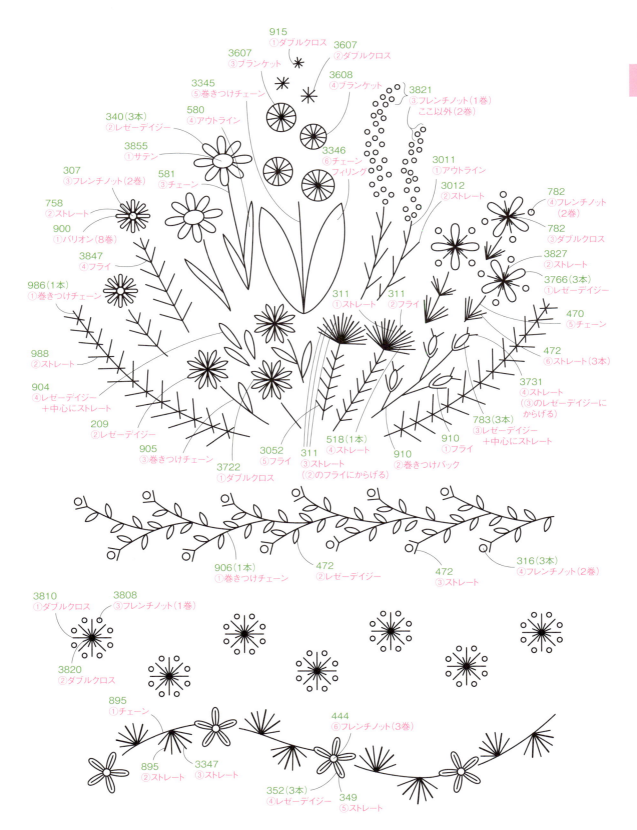

# 植物 / Plant

図案デザイン・制作／マカベアリス

Chapter **3** かわいい図案580

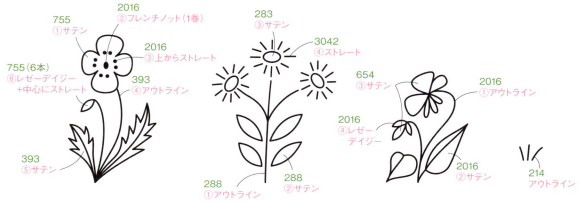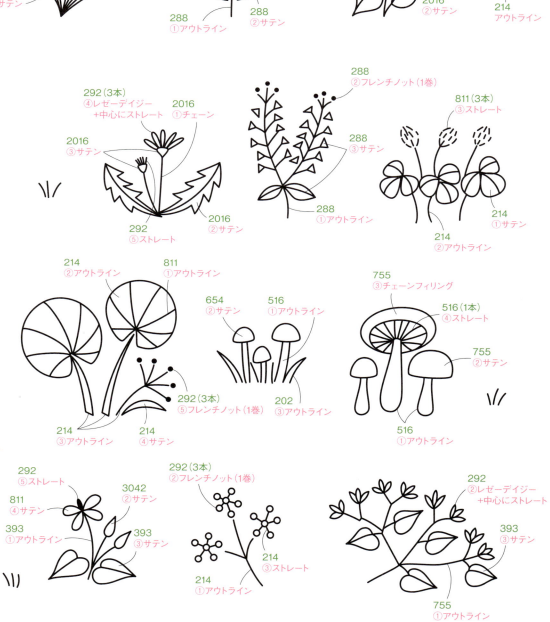

60　糸はすべてオリムパス。指定以外は2本どり。

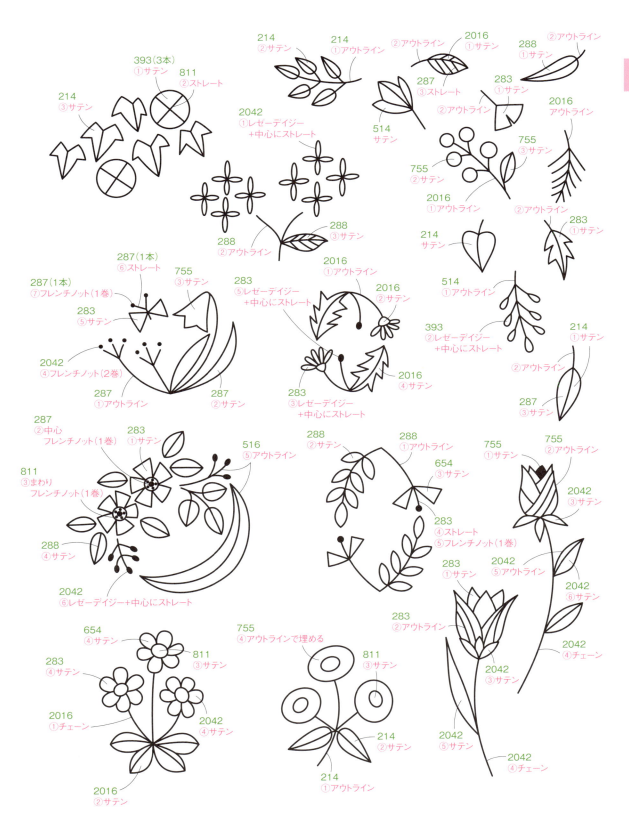

# 犬と猫 / Dog & cat

# 鳥 / Bird

# 虫 / Insect

図案デザイン・制作／マカベアリス

Chapter 3 かわいい図案580

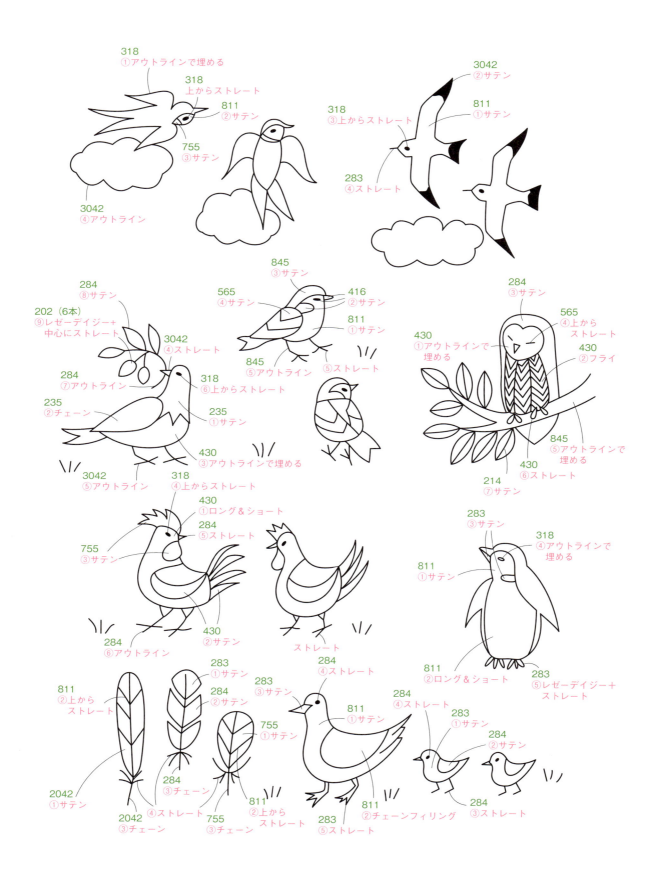

68　糸はすべてオリムパス。指定以外は2本どり。

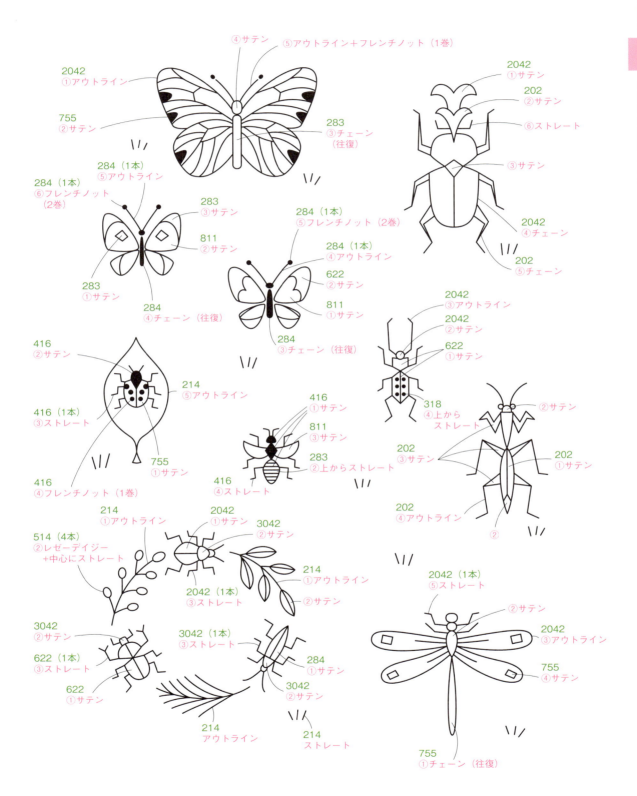

# 動物 / Animal

図案デザイン・制作／kanaecco

Chapter 3 かわいい図案580

糸はすべてDMC。指定以外は1本どり。指定以外の面はロング＆ショートステッチ。

# 人物 / People

図案デザイン・制作／ささきみえこ

Chapter 3 かわいい図案580

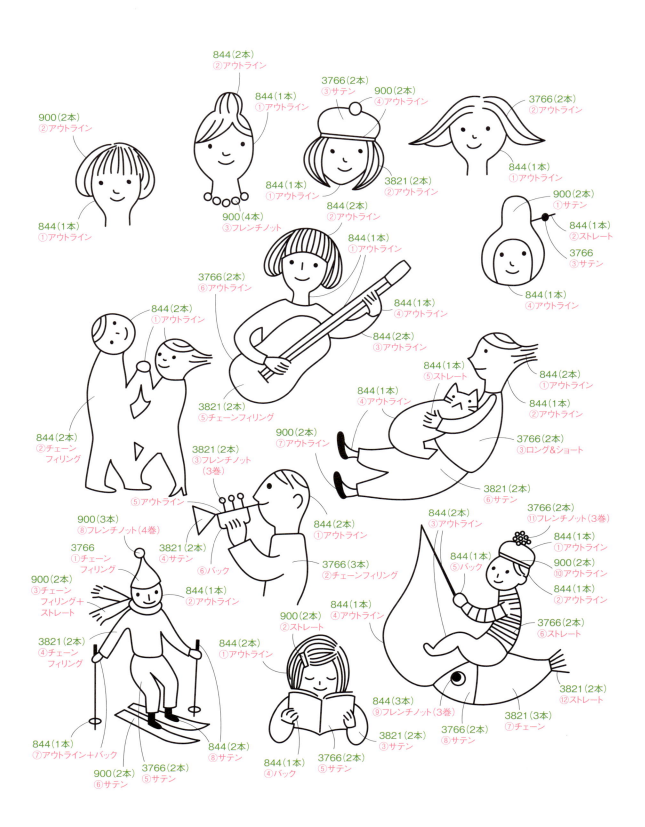

糸はすべてDMC。目はすべて844、1本どりフレンチノットステッチ（2巻）、鼻は1本どりストレートステッチ、口は1本どりアウトラインステッチ。

# 雑貨 / Materials

図案デザイン・制作／大菅絵理（AIUTO!）

Chapter 3 かわいい図案580

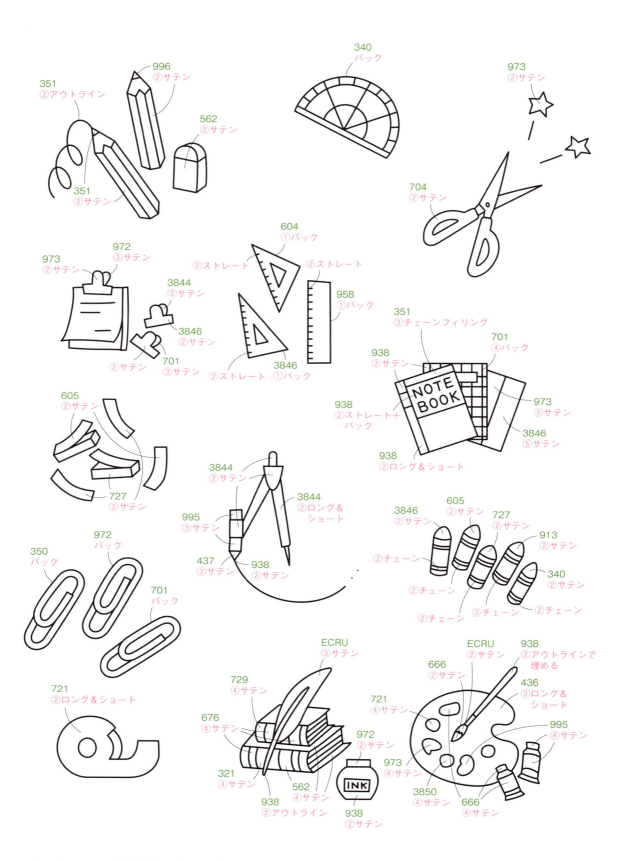

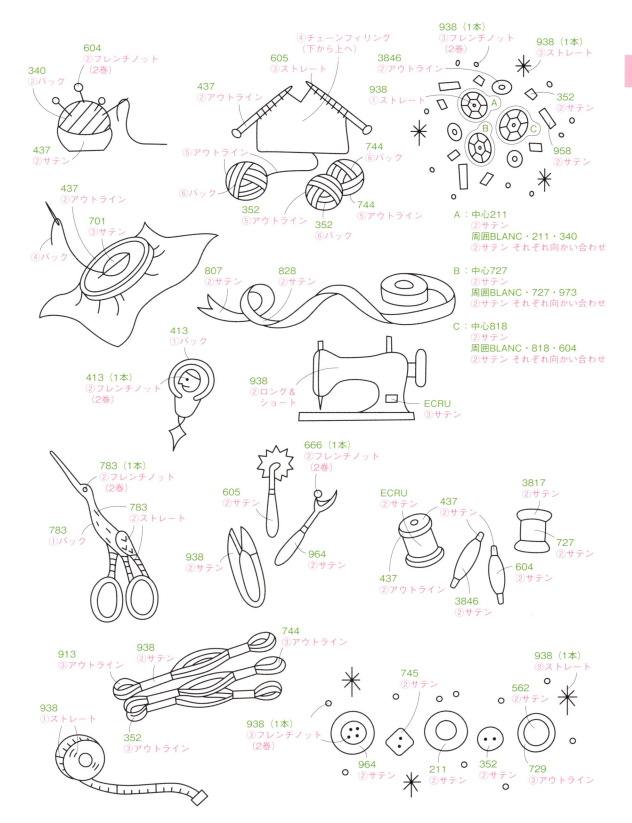

# ファッション / Fashion

図案デザイン・制作／ささきみえこ

Chapter 3 かわいい図案580

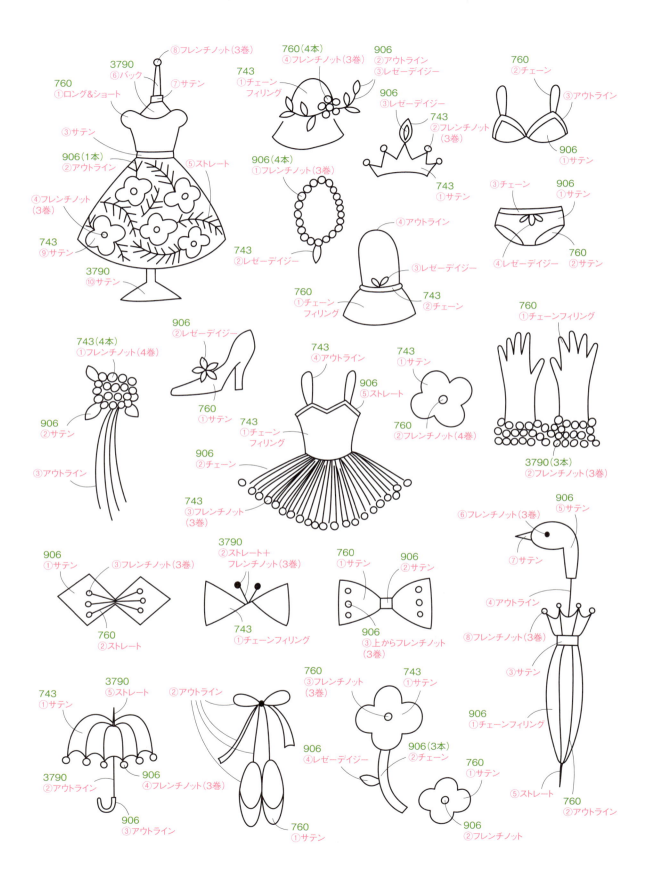

# キッチンツール / Kitchen tools

図案デザイン・制作／前田まどか（madoka）

Chapter 3 かわいい図案580

糸はすべてcosmo。指定以外は2本どり。フレンチノットステッチはすべて2回巻き。

# 野菜&フルーツ / Vegetables & fruits

図案デザイン・制作／薗部裕子（マルチナチャッコ）

Chapter 3 かわいい図案580

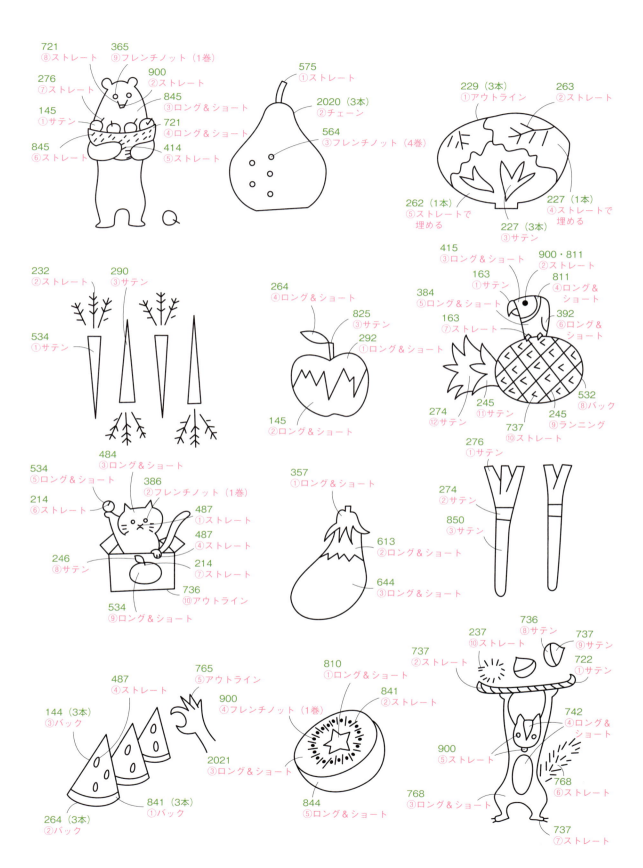

92　糸はすべてオリムパス。指定以外は2本どり。

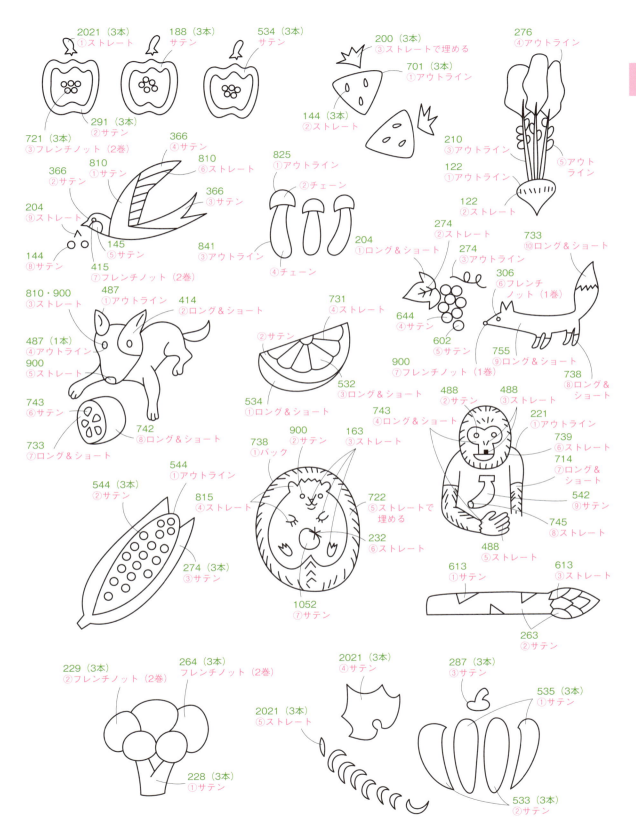

# カフェ&スイーツ / Café & sweets

図案デザイン・制作／早川久絵（pulpy。）

Chapter 3 かわいい図案580

95

# 乗り物　Vehicle

図案デザイン・制作／大菅絵理（AIUTO!）

Chapter 3 かわいい図案580

# 世界・旅 / World・Travel

図案デザイン・制作／前田まどか（madoka）

Chapter 3 かわいい図案580

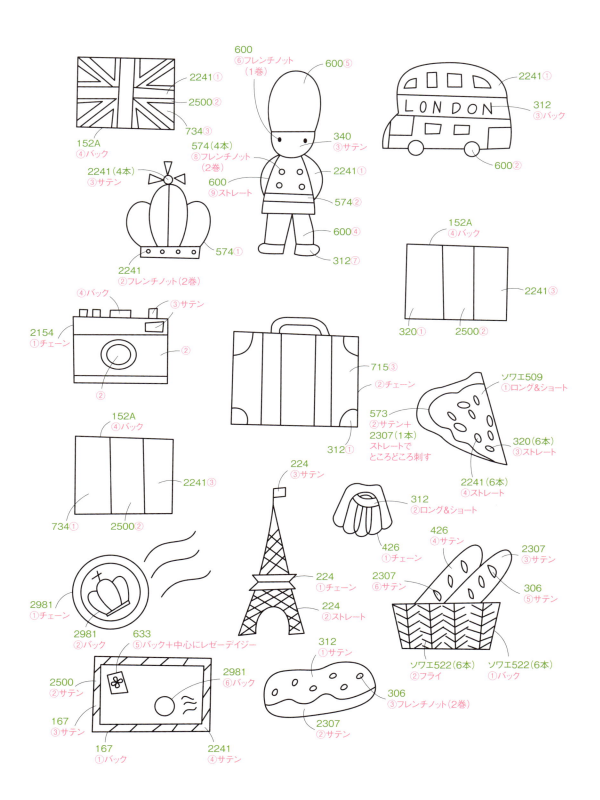

# 北欧 / Northern Europe

図案デザイン・制作／北村絵里（coL）

Chapter 3 かわいい図案580

糸はすべてDMC。指定以外は2本どり。フレンチノットステッチはすべて3回巻き。

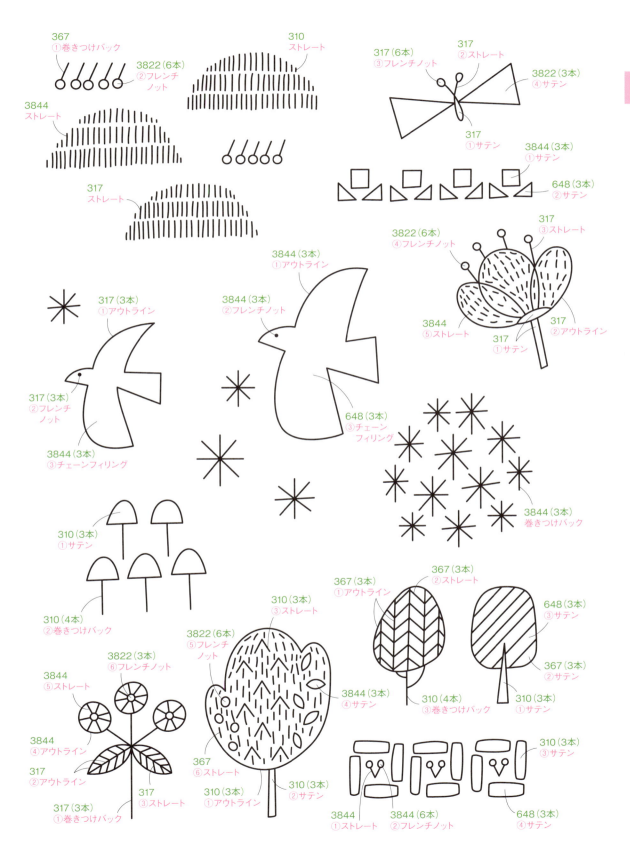

# 日本 / Japan

図案デザイン・制作／大菅絵理（AIUTO!）

Chapter 3 かわいい図案580

112　糸はすべてDMC。指定以外は2本どり。縁取りはすべて938番で①バックステッチ。

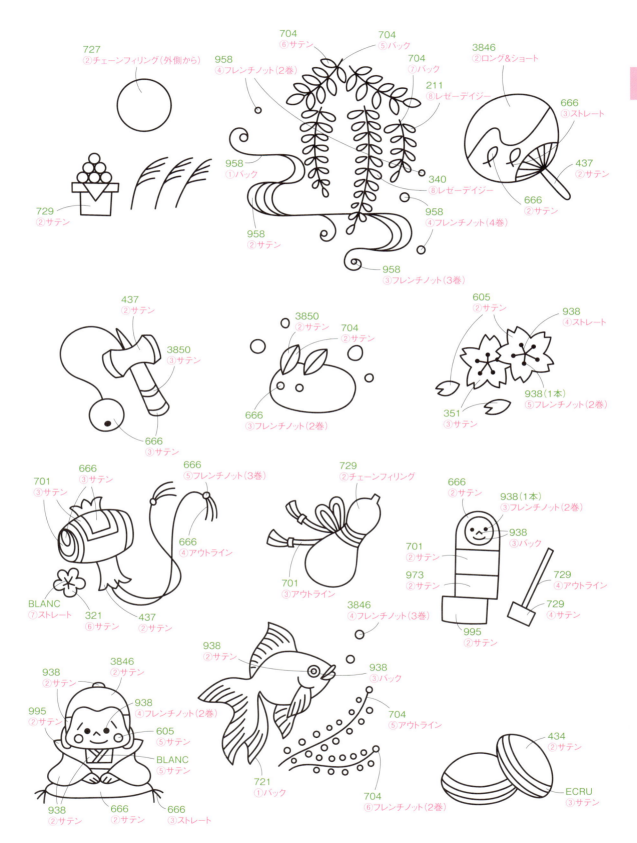

# イベント / Event

114

図案デザイン・制作／早川久絵（pulpy。）

Chapter 3 かわいい図案580

## ベビー&キッズ / Baby & kids

図案デザイン・制作／石井寛子

Chapter 3 かわいい図案580

Happy Childhood

# 童話 / Fairy tales

図案デザイン・制作／川畑杏奈（annas）

Chapter 3 かわいい図案580

124　糸はすべてcosmo。指定以外は2本どり。指定以外の面はサテンステッチ。

# アルファベット / Alphabet

図案デザイン・制作／薗部裕子（マルチナチャッコ）

Chapter 3 かわいい図案580

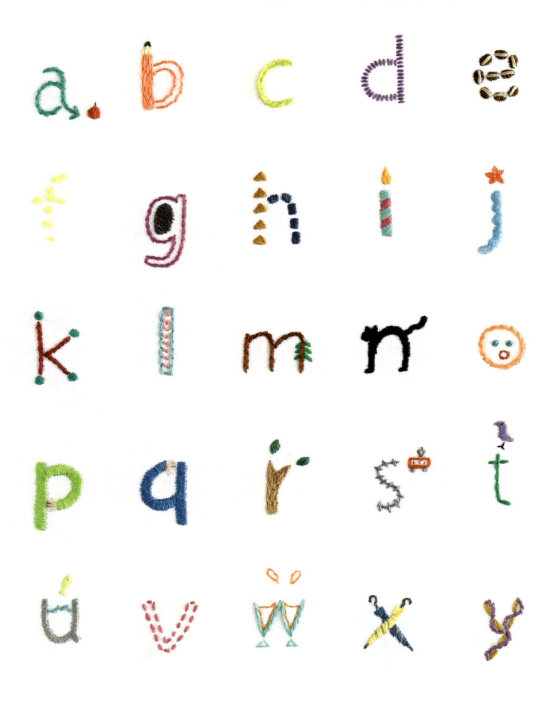

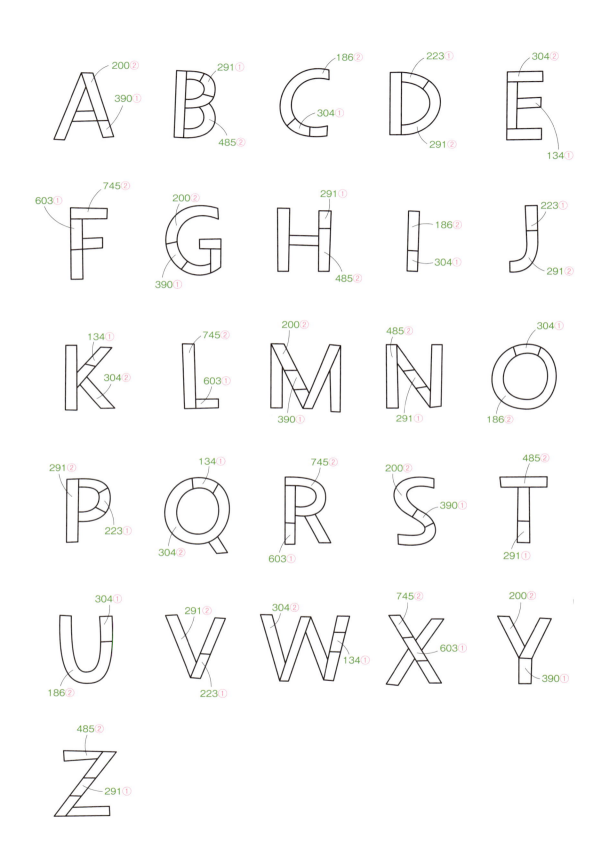

糸はすべてオリムパス。左ページはすべて3本どりサテンステッチ。右ページは指定以外は2本どり。

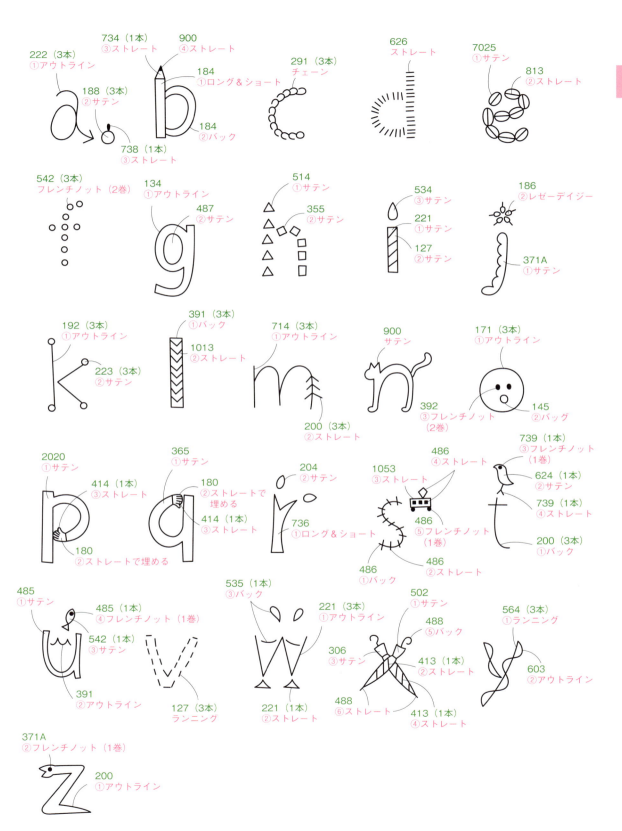

# ライン模様 / Line pattern

図案デザイン・制作／北村絵里（coL）

Chapter 3 かわいい図案580

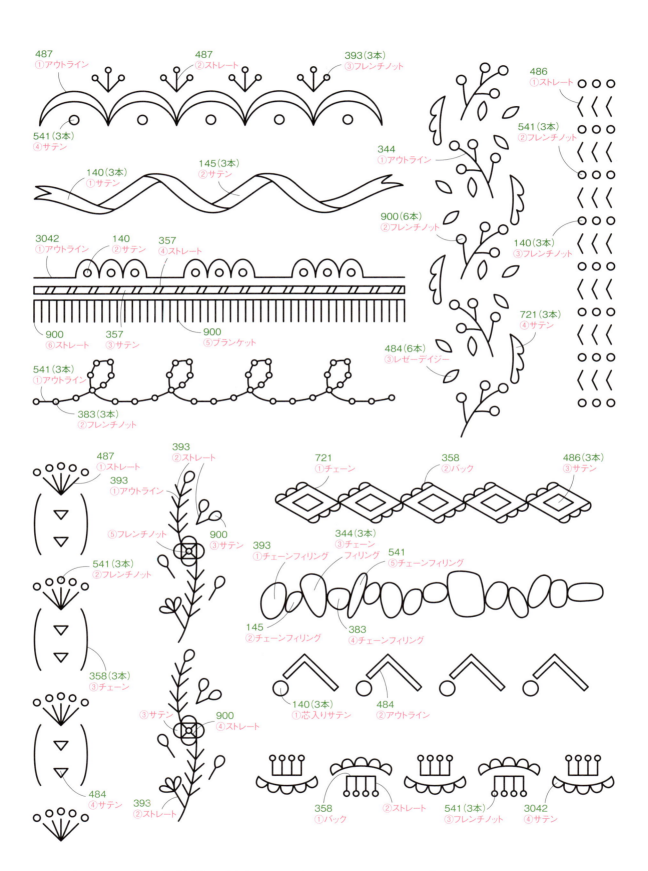

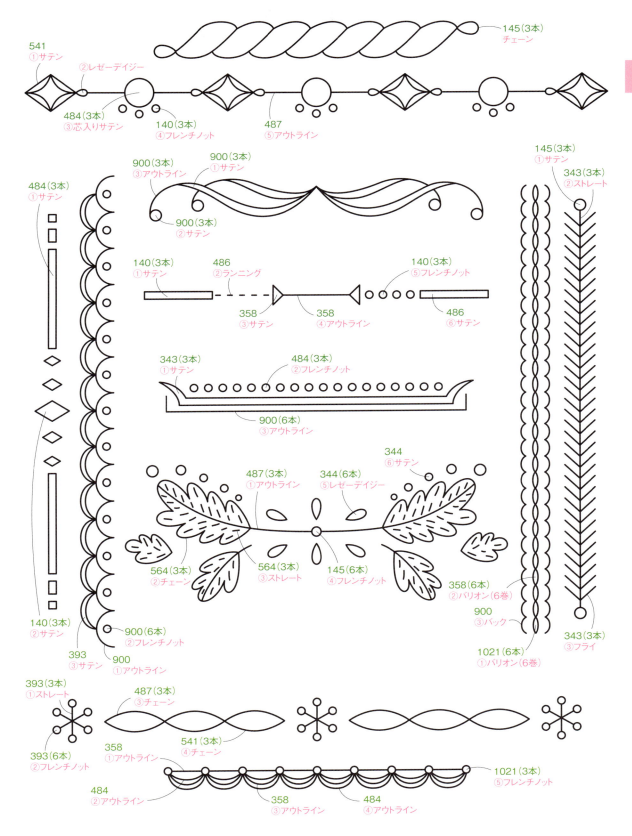

# コーナー模様 / Corner pattern

図案デザイン・制作／北村絵里（coL）

Chapter 3 かわいい図案580

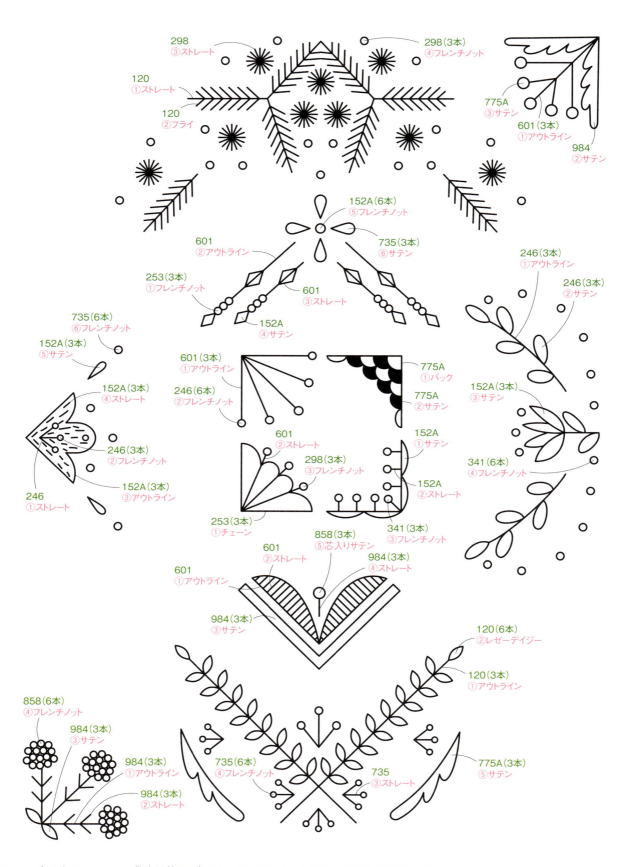

糸はすべてcosmo。指定以外は2本どり。フレンチノットステッチはすべて3回巻き。

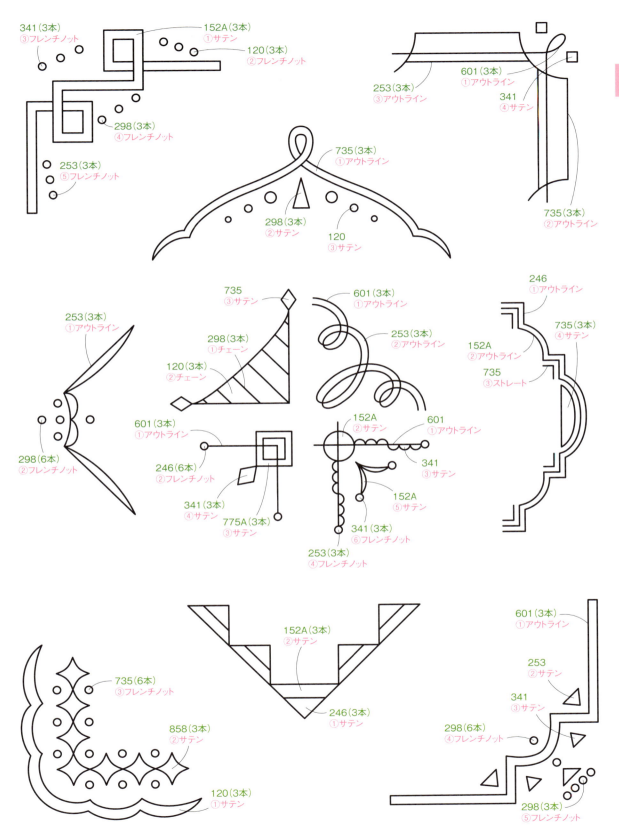

COLUMN

# 図案を配置するときのポイント

ワンポイント図案は好きなものを自分で組み合わせて使えるのも魅力のひとつ。
自由に配置するときのポイントを紹介します。

☑ CHECK!

## 複数の図案を組み合わせる場合

いくつかの図案をランダムに刺したいときのおすすめの方法を紹介します。
使いたい図案をコピーして刺しゅう枠の中で実際に並べてみるやり方です。

**1** 刺しゅう枠を刺しゅうする布の上に置きます。

**2** コピーした図案をカットして、枠内の布の上に並べます。

**3** 位置が決まったら図案をマスキングテープなどでとめて、1個ずつ布に写します。

### 配置のポイント

モチーフの目線を内向きになるように配置するほうが、バランスが取りやすいです。動物以外でも、花のしなりを内向きにします。わざと外向きにする図案もありますので、お好みで配置してみましょう。

☑ **CHECK!**

## 図案の下ラインをそろえたい場合

一直線上に図案を並べたい場合も、実際に並べてみてバランスを確認しましょう。
マスキングテープを使うと、ラインをそろえることができます。

**1** 刺しゅうをする布に、マスキングテープを貼ります。

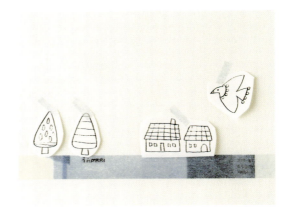

**2** 1の上にコピーした図案をカットして並べ、位置が決まったら写します。

☑ **CHECK!**

## 中心をそろえたい場合

中心に、モチーフの中心をぴったり合わせたい場合は、
刺しゅうするものと図案を折って、折り目を合わせます。

**1** 図案とバッグを半分に折ります。

**2** 折り目どうしを合わせて、まち針でとめてセットします。チャコペーパーを挟んで図案を写します。

**COLUMN**

# ブラウスの襟に刺しゅうするときのポイント

手持ちのシンプルなシャツの襟にワンポイント刺しゅうをするだけでオリジナルの1着になります。襟に刺しゅうするときの方法を紹介します。

### ☑ CHECK!

#### 小さな刺しゅう枠を使う

小さな刺しゅう枠（8cm）の場合は、少しすき間ができますが、布は張ることができるので、刺すことができます。位置を調整しながら刺しましょう。

### ☑ CHECK!

#### 大きな刺しゅう枠を使う

大きな刺しゅう枠の場合は、枠にはまる大きさになるようにハギレをぬいつけるとよいでしょう。ハギレは最後に取ります。

Chapter

# 4

# 刺しゅう小物
Embroidery handmades

Chapter 3で紹介した図案を使った、小物とその作り方です。
ブローチや、ポーチ、エコバッグから鍋しきまで、
お気に入りの作品が見つかるはずです。

※作り方ページの布サイズの表示は縦×横の寸法です。
　寸法図はぬい代を含んだ寸法です。

# 1 くるみボタン

Covered Button

花や小鳥や虫たちのワンポイント刺しゅうを、くるみボタンに。
コロンと丸いフォルムに自然のモチーフがやさしい印象です。
制作：マカベアリス

図案 → P143

## 材 料 （1個分）

表布／リネン（無地）………………… 12cm四方×1枚
くるみボタンキット（市販）
………………… 直径2.7cmまたは直径3.8cm×1個

※くるみボタンのキットの作り方はメーカーによって違うので、説明書などを確認してください。

### でき上がり寸法

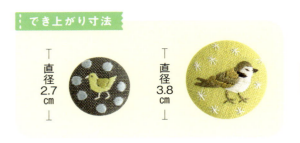

## 作り方

**1** 表布に刺しゅうをし、刺しゅう部分を真ん中にしてくるみボタンのサイズに合わせて、直径5.5cm、あるいは直径6.2cmの円に裁断する。

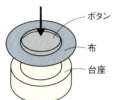

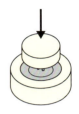

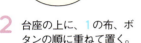

**2** 台座の上に、1の布、ボタンの順に重ねて置く。

**3** 布をボタンの内側へ折り込む。

**4** ボタン裏をのせる。

**5** 打ち具で押し込む。

## 図 案

P60-61、P68-69の図案をベースに、配色を変更しています。糸はすべてオリムパス。指定以外は2本どり。

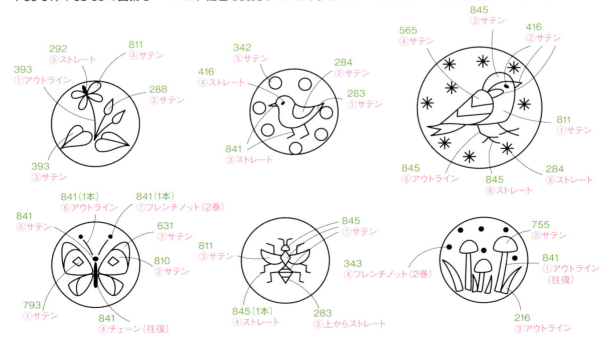

143

# 2 ミニブローチ

Mini Brooch

ワンポイント刺しゅうはブローチにするとかわいい大きさです。
フェルトを貼りつけてピンをつけるだけなので、はじめてでも簡単に仕上がります。
制作：歯部裕子（マルチナチャッコ）

図案 → P92-93

### 材料 （1個分）

表布／綿（白）……… 適量
フェルト（ベージュ）… 適量
ブローチピン（2cm）… 1個

### でき上がり寸法

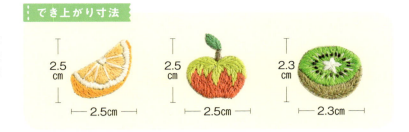

### 作り方

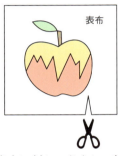

**1** 表布に刺しゅうをし、刺しゅうした部分を切り取る（糸を切らないように注意）。

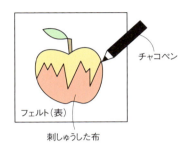

**2** フェルトに1の切り取った刺しゅうをのせ、チャコペンでかたどる。

**3** 刺しゅうの形を写したフェルトにブローチピンをつける位置を決め、印をつける。

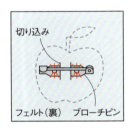

**4** 印のところに切り込みを入れて裏返し、ブローチピンを通して糸でぬいとめる。

**5** フェルトを表にして接着剤をつけ、刺しゅうを印の通りに貼りつける。接着剤がつきにくい端の部分は爪楊枝でていねいに接着剤をつける。

**6** 接着剤が乾いたら外側の余っているフェルトを切り取る。

**7** よく乾いたら、はさみで形を整える。

## 鍋しき

Pot Stand

キッチンツールの刺しゅうをしたリネン地とニットを合わせて、あたたかみのある鍋しきに。ポットの下からのぞく刺しゅうでほっこり。

制作：前田まどか（madoka）

図案 ➡ P89

## 材料（1枚分）

表布A／ニット地 ……………… 17×17cm×2枚
表布B／リネン（無地）
　　　……… 9×17cmまたは17×9cm×1枚
チロリアンテープ ……………… 12cm

## でき上がり寸法

## 寸法図

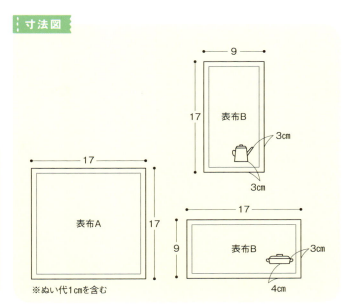

※ぬい代1cmを含む

## 作り方

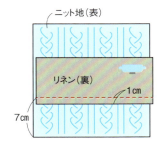

**1** 表布Bに鍋の刺しゅうをし、9×17cmに裁断する。図のようにニット地と中表に合わせてぬう。

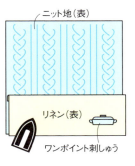

**2** 刺しゅうした面が表になるように表布Bを折り返してアイロンで整える。

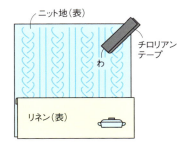

**3** 二つ折りしたチロリアンテープを、わを内側にして重ねる。

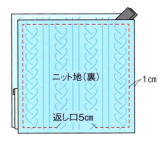

**4** 3ともう1枚のニット地を中表に重ね、返し口をあけてぬい代1cmでぬい合わせる。

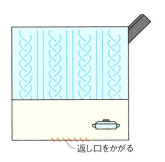

**5** 返し口から表に返し、返し口をかがってとじる。

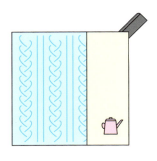

**6** ポットの刺しゅうの鍋しきは、表布Bを縦にして刺しゅうし、1～5と同様に作る。

## 巾着

purse

とろけて落ちそうなアイスクリームの刺しゅうを並べたポーチ。
ラブリーなアイスの柄や色を少しずつ変えて、変化をつけましょう。

制作：早川久絵（pulpy。）

図案 → P150　　作り方 → P150

# 5 ポンポンつき巾着

Pom pom purse

パステルカラーのマカロンの刺しゅうを散らした、ピンクのかわいらしい巾着。
リボンの先にはポンポンをつけて、アクセントに。

制作：早川久絵（pulpy。）

図案 → P97　　作り方 → P150

Chapter 4 刺しゅう小物

# 巾着

### 材料 （1個分）

表布A／綿（生成り） 18×18cm×2枚
表布B／綿（紫） 16×18cm×1枚
チュール 16×18cm×1枚
裏布／綿（ピンク） 48×18cm×1枚
リボン（レース） 1.2cm幅×50cm×2本

### でき上がり寸法

23cm / 16cm

### 寸法図

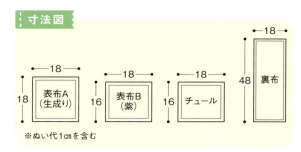

※ぬい代1cmを含む

### 図案

192、117
383、228
800
290
712

713
1041
551
712

778
383
600
712

※糸はオリムパス、3本どり。ステッチはP97参照。

### 作り方

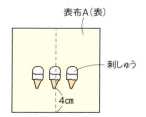

**1** 表布A1枚に刺しゅうをする。中央に刺しゅうする場合、布を縦半分に折り、折り目をつけておくと図案を配置しやすい。

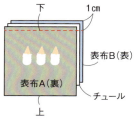

**2** 表布A1枚と表布Bを、チュールを挟んで中表に合わせてぬう。

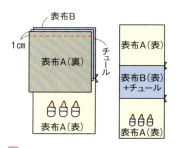

**3** 背面側も、表布AとBをチュールを挟んで中表に合わせてぬう。広げると右図のようになる。

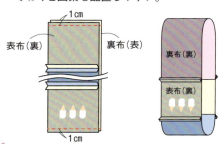

**4** 3でつながった表布と裏布を中表にして上下をぬう。右図のように、ぬい代を裏布側に倒す。

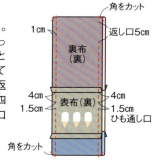

**5** 両側をぬい代1cmでぬう。このとき、表布は4でぬったところから4cmでぬいとめ、そこから1.5cmあけてぬいはじめる。裏布は返し口5cmをあけておく。四隅の角をカットして返し口から表に返す。

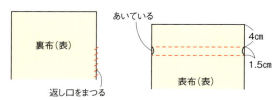

**6** 返し口をまつりぬいでとじる。アイロンで形を整え、ひも通し部分の上から4cm、そこから1.5cmのところをぐるりとぬう。

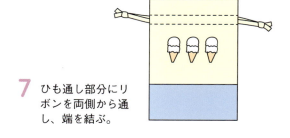

**7** ひも通し部分にリボンを両側から通し、端を結ぶ。

# ポンポンつき巾着

## 材料 （1個分）

表布／綿（ピンク） …… 40×15cm×1枚
裏布／綿（プリント） …… 44×15cm×1枚
サテンリボン …… 0.7cm幅×45cm×2本
ポンポン（毛糸） …… 2個

### でき上がり寸法

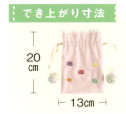

### 寸法図

※ぬい代1cmを含む

## 作り方

1. 表布に刺しゅうをする（P97のマカロンの図案を大小の2サイズで刺しゅうする）。

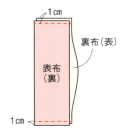

2. 表布と裏布を中表に合わせて上下をぬい代1cmでぬう。

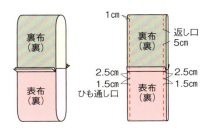

3. ぬい代を裏布側に倒し、両側をぬい代1cmでぬう。表布は2.5cmでぬいとめ、そこから1.5cmあけてぬいはじめる。裏布は返し口5cmをあけておく。

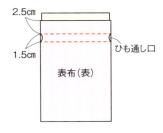

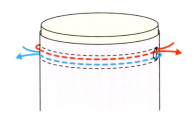

4. 返し口から表に返して、返し口をまつりぬいでとじる。口部分は裏布が1cm見えるように出してアイロンで整える。

5. ひも通し口部分の上から2.5cm、そこから1.5cmのところをぐるりとぬう。

6. サテンリボンをひも通し口の両側から通す。

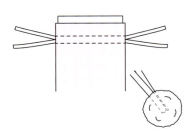

### ポンポンの作り方

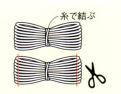

1. 指3本に毛糸を50回ほど巻きつける。
2. 指からはずし、中心を糸で縛り、両端をカットする。
3. 球体に整え、好みの大きさになるようカットする。

7. サテンリボンの端をそろえてポンポンの中に入れ、ぬいつける。

## 6 ミニポーチ

Mini pouch

リネン地に単色の刺しゅうをほどこした、落ち着いた雰囲気のポーチ。
刺しゅう糸とリネン地の色合わせを楽しんで。

制作：マカベアリス

図案 → P153

## 材料 （1個分）

表布／麻（無地）……15×20cm×2枚
裏布／綿ブロード（シーチング・細畝コーデュロイなど）
　　　　　　　　……15×20cm×2枚
接着芯　　　　　　……15×20cm×2枚
※表布の裏に貼っておく
革ひも……………2mm幅×約27cm
ファスナー………………………20cm

## でき上がり寸法

## 寸法図

※ぬい代1cmを含む

## 作り方

1　表布に刺しゅうをする。

2　ファスナーあき止まりより17cmのところを糸でぬって止めを作る（1.5cm余分を残して切る）。ファスナーの両端を折り、ミシンでとめる。

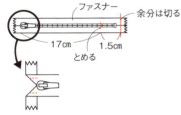

3　表布にファスナーを仮止めしてから、表布、裏布を中表に合わせ、ぬい代1cmでぬう。もう片側も同様にする。

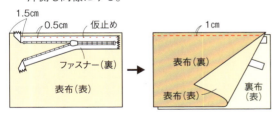

4　ファスナーをあけて、表布、裏布同士を中表に合わせて、返し口を10cm残してぬう。ファスナーは表布側に倒し、ぬい代は裏布側に倒す。四隅の角をカットする。

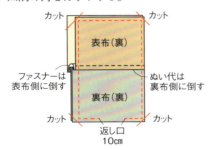

5　返し口から表に返し、返し口をまつり、アイロンで形を整える。

6　ファスナーの持ち手に革ひもを結びつける。

## 図案の配置

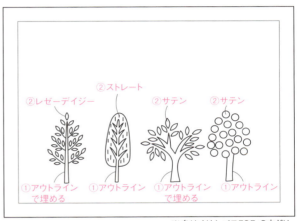

※糸はオリムパス505、2本どり。

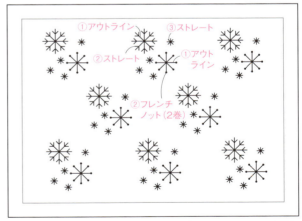

※糸はオリムパス810、2本どり。

# 7 エコバッグ

Eco bag

シンプルなエコバッグに、ポップなロンドンバスや気球や飛行船の刺しゅうを。好きなモチーフに変えて作っても。

制作：大菅絵理（AIUTO!）

図案 → P100-101　　作り方 → P156

Chapter 4 刺しゅう小物

# エコバッグ

## 材料 (1個分)

表布／麻（無地）… 72×30cm×1枚
裏布／綿（水玉）… 72×30cm×1枚
接着芯 … 72×30cm×1枚
持ち手布／麻（無地）
　　　　　　… 56×8cm×2枚

## でき上がり寸法

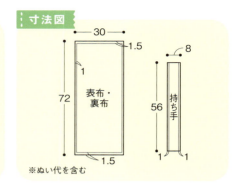

## 寸法図

※ぬい代を含む

## 作り方

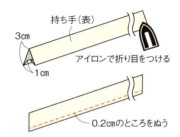

**1** 持ち手を作る。持ち手布を縦半分に折ってアイロンで折り目をつけ、1cm折り込んで端から0.2mmのところをぬう。

**2** 表布に接着芯を貼り、図案を写して刺しゅうをする。

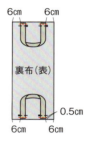

**3** 裏布の表側に両脇を6cmずつあけて持ち手を合わせて、布端から0.5cmのところをミシンでぬう。持ち手のねじれに注意する。

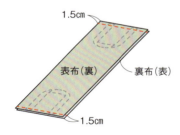

**4** 表布と裏布を中表に合わせて、ぬい代1.5cmで入れ口をぬう。

**5** 4でぬったぬい代をアイロンで割り、中央にして合わせる。

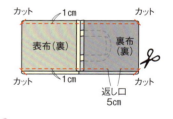

**6** 5の両側をぬい代1cmで、返し口を5cm残してぬう。四隅の角をカットする。

**7** 返し口から表に返し、アイロンで形を整え、返し口をまつる。

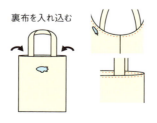

**8** 裏布を中へ入れ込み、アイロンで形を整える。入れ口の端から0.2cmのところをぬう。脇のところは固いので慎重にぬう。

book cover & bookmark

# 8 ブックカバーとしおり

ブックカバーとしおりに、猫と足跡を刺しゅう。
同じ猫でもポーズによって作品の雰囲気ががらりと変わります。

制作：Kanaecco

図案、作り方 ➡ P158

Chapter 4 刺しゅう小物

# ブックカバー

**材料**（1個分）

表布／リネン（無地）
……… 17.7×39.3cm×1枚
裏布／綿麻（ギンガムチェック）
……… 17.7×43.3cm（ベルト含む）×1枚
接着芯 ……… 17.3×43.3cm×1枚

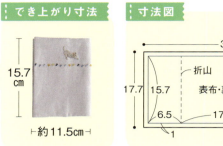
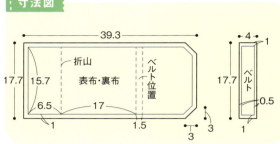

**図案配置** P64-65の図案をベースに配色を変更しています。

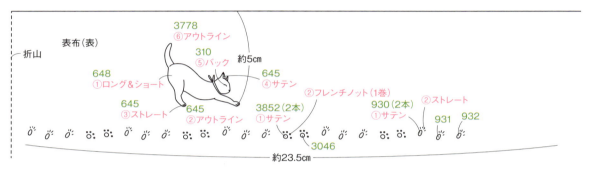

※糸はすべてDMC。指定以外は1本どり。

**作り方**

**1** 表布に刺しゅうをし、表布、ベルト布の裏に接着芯を貼る。

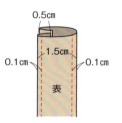

**2** ベルトを作る。ベルト布を外表に二つ折りにして、布端を0.5cm内側に折り込み、端から0.1cmでぬう。

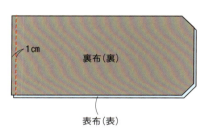

**3** 表布と裏布を中表に合わせてポケット側の布端をぬう。

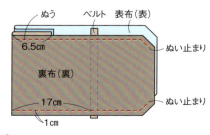

**4** ポケット部分の6.5cm分を中へ折り込み、折り山から17cmのところにベルトを挟んで上下をぬう。

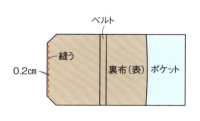

**5** 表に返して、ポケット側と反対の布端を内側へ折り込み、表から端から0.2cmでぬう。アイロンで形を整える。

# しおり

## 材料 （1個分）

表布／リネン（無地）･････････4.4×9.7cm×2枚
接着芯････････････････････････3×8.3cm×1枚

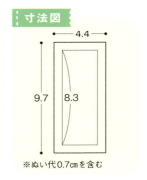

## 作り方

**1** 表布に刺しゅうをし、4.4×9.7cmにカットする。裏側の布も同様にカットする。

**2** 接着芯を1の表布の裏側のぬい代内に貼る。

**3** ぬい代部分をアイロンで押さえる。

**4** 2枚を外表に合わせて、刺しゅう糸2本どりで、周囲をランニングステッチでぬう。

**5** 上に刺しゅう糸を通して3cm分出し、結ぶ。

## 9 がま口コインケース

Coin purse

ぽってりとした形と北欧柄の刺しゅうが相性ぴったりの小さながま口です。
白と黒のリネンに、シンプルな模様で大人っぽく。

制作：北村絵里（coL）

図案 ➡ P163　　作り方 ➡ P162

Chapter 4 刺しゅう小物

# がま口コインケース

**材料**（1個分）

表布／リネン
　（生成りまたは黒）
　　　　　　12×12cm×2枚
裏布　綿
　（ストライプ柄または花柄）
　　　　　　12×12cm×2枚
がま口口金
　　　　　　7×5.5cm×1個
紙ひも　　　11cm×2本

**でき上がり寸法**

**寸法図**

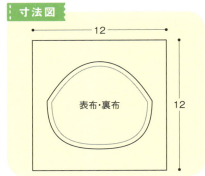

**作り方**

1　表布にP163の図案を写して刺しゅうをし、型紙に合わせてカットする。

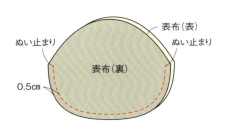

2　表布、裏布をそれぞれ中表に合わせてぬい代0.5cmで底部分をぬう。

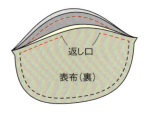

3　表布、裏布を中表に合わせて、返し口を残して口の部分をぬい合わせる。

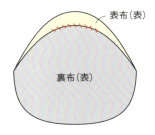

4　返し口から表に返し、返し口をまつる。

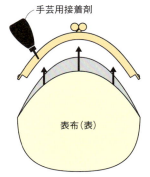

5　口金の内側の溝に接着剤をつけ、布の口部分をはめ込む。

6　紙ひもを目打ちなどで内側の口金と布の間に押し込む。

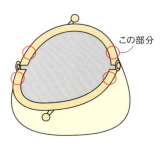

7　口金の両脇に当て布をしてペンチで口金の両端をとじる。

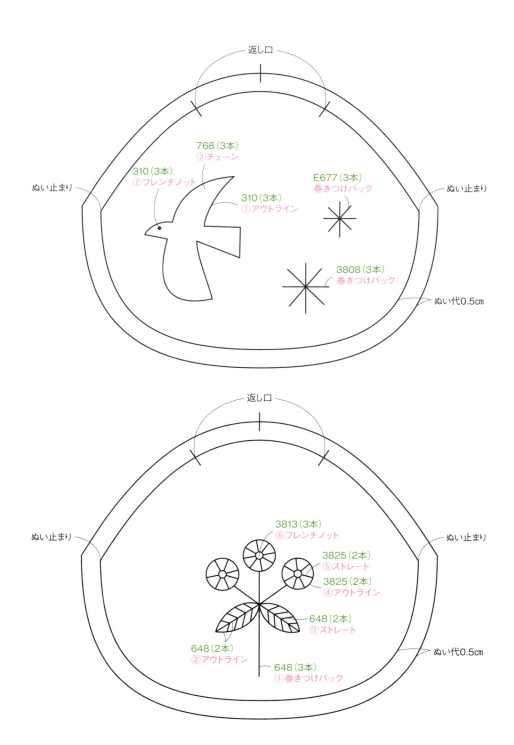

# 10 トレーナー

Sweat Shirt

既製品に刺しゅうをすると、オリジナルのアイテムに早変わり。
1つでも並べてもかわいく仕上がるのが、ワンポイント刺しゅうのいいところです。

制作：ささきみえこ

図案 → P76、P85

Chapter 4 刺しゅう小物

**材料**

トレーナー

**刺しゅう位置**

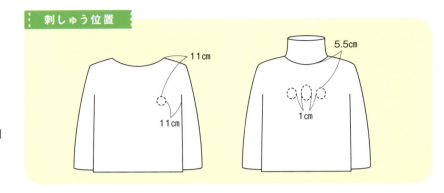

**作り方**

トレーナーの胸元や中央に刺しゅうをする。

アドバイス

## 洋服に刺しゅうするときの位置は

トレーナーやTシャツに刺しゅうするときには、こんな位置がおすすめです。

## いろいろな小物にワンポイント刺しゅうをしてみよう

この章で紹介した小物のほかにも身近な小物に刺しゅうをして楽しみましょう。

はさみケース

ピンクッション

キーホルダー

カードケース

キャップ

Chapter
# 5
# いろいろな刺しゅう
Various embroidery

クロスステッチ、ビーズ刺しゅう、
リボン刺しゅうの基本と図案を紹介します。
刺しゅうの楽しさがさらに広がります。

# Various Embroidery ① CROSS クロスステッチ × × × × × ×

クロスステッチは布の織り目を数えながら、×の形に刺しゅうをして模様を作っていきます。
普通の刺しゅうの道具でもできますが、専用の道具を使うとやりやすいです。

### 針

クロスステッチ専用の針は布の織り糸を割らないように針先が丸くなっています。19〜24番まであり、数字が小さいほど太くなります。

| 針の番号 | 糸の本数 |
| --- | --- |
| 19番 | 6本どり以上 |
| 20番 | 5〜6本どり |
| 21番 | 4〜5本どり |
| 22番 | 3〜4本どり |
| 23番 | 2〜3本どり |
| 24番 | 1〜2本どり |

針の番号と糸の本数の目安

### 糸

糸は、7ページで紹介した刺しゅう糸を使います。25番刺しゅう糸を使うのが一般的ですが、用途に応じて選ぶとよいでしょう。

● 糸の長さ

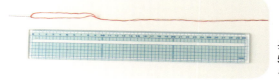

糸の長さは40〜50cmくらいが刺しやすいです。

### 布

縦糸と横糸の織り目の間隔が同じクロスステッチ用の布を使うのが一般的です。織り目は「○カウント」もしくは「目数」と表記されています。前者は、1インチ（約2.5cm）に○目入り、後者は10cmあたりに○目入るということです。数字が大きいほど、織り目が細かくなります。

アイーダ
14カウント

ジャパクロス
16カウント

アイーダ
18カウント

● 布のカウント数の違い

カウント数が違うと、同じ本数の糸で同じ図案を刺しても、作品の大きさが変わってきます。右の写真はクロスを9個刺しています。

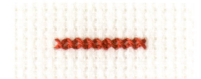
14カウントの布に刺した場合

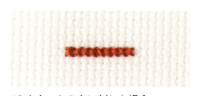
18カウントの布に刺した場合

## 刺しはじめ 1

クロスステッチの一般的なはじめ方です。刺しはじめの糸を裏で押さえる方法を紹介します。刺す方向の少し先の表側から針を入れます。

1 玉結びをして表から針を入れ、刺しはじめの位置に針を出します。

2 何針か刺します。

3 裏側は1で渡した糸が上から刺しとめられている状態になります。

4 渡した糸を切ります。

## 刺しはじめ 2

糸を二つ折りにして針に通し、半目刺したあと、針を輪（ループ）に通して糸をとめる方法です。ループメソッドといいます。

1 1本の糸を二つ折りにし、2本として針に通し、裏から針を入れます。表に出します。

2 半目刺して裏に針を出し、ループに針をくぐらせます。

3 糸はとまって、半目分できたところです。

## 刺し終わり

● 横ステッチ

1 裏側の最初の目にくぐらせます。

2 もう一度最初の目から数目くぐらせ、糸を切ります。

● 縦ステッチ

1 裏目の1目にくぐらせます。

2 下に続く目にジグザグに数目くぐらせ、糸を切ります。

## 抜きキャンバス

クロステッチ用の布でなくても、抜きキャンバスを重ねればクロスステッチが刺せます。刺し終わったら抜きキャンバスの糸を1本ずつ抜いていきます。

**抜きキャンバス**
25カウント（10cm四方に100×100目）の抜きキャンバス。20目ごとに青の案内線が入っています。

**湯で溶ける抜きキャンバス**
キャンバスを抜く手間がはぶけるので、便利です。

● 抜きキャンバスの使い方

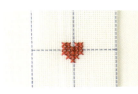

1 布に抜きキャンバスを重ねて図案を刺しゅうします。

2 余分な抜きキャンバスをカットします。

3 ピンセットで抜きキャンバスの糸を1本ずつ抜いていきます。

4 抜きキャンバスの糸を全部抜き終わると、刺しゅうだけが残ります。

Various Embroidery ① CROSS クロスステッチ

## ＊クロスステッチの刺し方

クロスステッチには一目ずつ横へ、縦へ、斜めへ刺す方法と、一目ずつ刺さずに往復しながら刺す方法があります。

### 横に1目ずつ刺し進む

 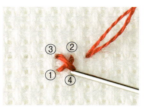 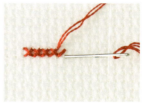 

**1** 左下から針を出して右上に入れ、左上に出して右下に入れます。

**2** 右上に針を出して④の穴に入れ、②の穴から出して右下へ刺します。

**3** 横に5目進みました。

裏はレ点が続くような針目になります。

### 縦に一目ずつ刺し進む

 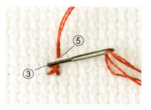  

**1** 一目刺したら②の上の⑤に針を出します。

**2** ③と同じ穴に入れます。

**3** 上へ5目進みました。

裏は針目が2本の平行線になります。

### 右上へ一目ずつ刺し進む

 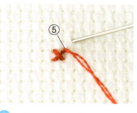  

**1** 一目刺したら、②と同じ⑤に針を出します。

**2** ⑤の右上へ針を入れます。

**3** 右上へ5目進みました。

裏は針目がかぎかっこのような形になります。

### 右下へ一目ずつ刺し進む

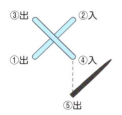 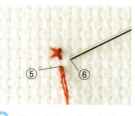  

**1** 一目刺したら、④の下の⑤に針を出します。

**2** ⑤の右上の⑥へ針を入れます。

**3** 右下へ5目進みました。

裏は針目がかぎかっこのような形になります。

## 横に往復しながら進む　※縦方向、斜め方向に進む場合も要領は同じです。

**1** 半目ずつ右へ刺していきます。

**2** クロスになるよう糸を刺しながら戻ります。

**3** 5目進みました。

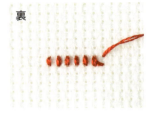
裏は縦線が並ぶような形になります。

### アドバイス　クロスステッチをきれいに刺すには

#### 糸のねじれを直しながら刺す

刺していると糸がねじれます。ねじれは直しながら刺しましょう。

#### 糸を引きすぎない

糸は引きすぎず、クロスがふっくらとなるようにします。

糸を引きすぎると、布の織り目を引きすぎて、布に穴があいてしまいます。

#### クロスの重なりを統一させる

クロスの重なりを一定にするときれいです。

重なりの方向がバラバラだと統一感がなく見えます。

#### 途中で糸の色を替えるとき（糸をつぐときも同様）

裏
**1** 新しい糸を通した針を、裏側の数目にくぐらせます。

裏
**2** さらに刺す位置の、下の一目にくぐらせます。

裏
**3** 一目めの針を表へ出します。

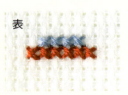
表
**4** 色を替えた1段ができあがりました。

# クロスステッチ / cross stitch

# Various Embroidery ② BEADS & SPANGLE ビーズ&スパンコール刺しゅう

刺しゅうの中にビーズやスパンコールを組み合わせる方法です。
糸は刺しゅう糸のほか、手ぬい糸なども使います。

### 針

針はフランス刺しゅう針を使用します。

### 糸

**25番刺しゅう糸**
フランス刺しゅうと同じ糸が使えます。透明のビーズを使うと、糸の色が透けて見えてアクセントになります。

**シャッペスパン手縫糸（フジックス）**
耐久性を強化したい場合は手ぬい糸がおすすめです。

**つよい糸（金亀）**
パールなど大きめのビーズには、耐久性強化にボタンつけなどに使うつよい糸がおすすめです。

## ビーズ・スパンコールの種類
よく使うビーズやスパンコールを紹介します。

※スパンコールには表裏があります。縁の断面が丸くなっているほうが表で、エッジが出ているほうが裏です。

丸小、丸大ビーズ
（外径約2mm、3mm、4mmなど）

竹ビーズ
（一分竹：長さ3mm）

竹ビーズ
（二分竹：長さ6mm）

スパンコール亀甲
（直径6mm、4mm、3mmなど）

スパンコール平丸
（直径6mm、4mm、3mmなど）

● **パールビーズ**

パール
（大小あります）

● **透明ビーズ**

刺しゅう糸が透けて見えて、糸の色とビーズの質感の組み合わせが楽しめます。

**トレイ**
作業中、ビーズをトレイに入れておくと、散らばりにくいです。三角トレイなら、しまうときも袋に入れやすくて便利です。

## 刺しはじめと刺し終わり

刺しはじめと刺し終わりは、フランス刺しゅうと同じなので、P11を参照してください。刺しはじめは、P169のクロスステッチで紹介した、ループメソッドで刺しはじめてもよいでしょう。

Chapter 5 いろいろな刺しゅう

## ▶ ビーズの刺し方
基本のビーズの刺し方を紹介します。

### ✳ ストレート刺し
ビーズを1個ずつとめる方法です。

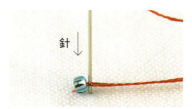
針を出してビーズを通し、布と垂直に針を刺します。

いくつかのビーズをいっしょにひと針で刺すこともできます。

刺す角度によってビーズの向きが変わるので、図案の線に合わせて刺しましょう。

### ✳ 竹ビーズのストレート刺し
竹ビーズを1個ずつとめる方法です。

竹ビーズもストレート刺しは同様です。布に垂直に針を刺します。

竹ビーズと丸ビーズをつなげて刺す場合、しっかりととめたい場合は、丸ビーズだけ返し刺し（下記参照）します。

### ✳ 返し刺し
返しぬいの要領で刺していきます。

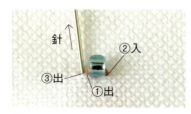
**1** ストレート刺しの要領で1つめのビーズを刺し、①の先のとなりの③に針を出します。

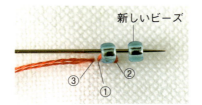
**2** 1つめのビーズにもう一度針を刺し入れ、新しいビーズを通します。

**3** 1と同様に布に垂直に針を刺し入れます。ビーズとビーズの間は糸1～2本分あける感覚で刺します。

**4** 戻って1つめと2つめのビーズの間に針を出します。

**5** 2つめのビーズに針を刺し入れ、3つめのビーズを通します。これをくり返します。

竹ビーズの場合もビーズの返し刺しと同様です。

Various Embroidery ② **BEADS&SPANGLE** ビーズ&スパンコール刺しゅう

 アドバイス ビーズを刺すときの注意

ビーズ、スパンコールを刺すとき、針は布に対して直角に刺します。

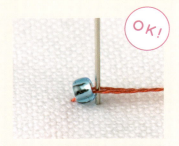

ビーズの幅に合わせ、針は布に垂直に入れます。

針をビーズの幅より狭いところに傾けて刺し入れるのはNGです。

刺した間隔が狭いとビーズが浮いて傾いてしまいます。

### 角をきれいに刺すには

ビーズを刺して、右へ直角に進みたいとき、一番上のビーズのすぐ横の、ビーズ幅の中央の位置に針を出して刺し進めるときれいに角ができます。

一番上のビーズの上に針を出すと角が丸くなってしまいます。

### 円の終わり方（円のつなぎ方）

**1** ①から針を出して、ストレート刺しで1つずつ刺し進め、終盤まできたら残りのビーズの入る数を確認して刺し進めます。

**2** 必要なビーズを刺します。

**3** 最後のビーズの1個手前に針を出して、最後のビーズと一番最初のビーズに針を通します。

**4** 最初のビーズと2番目のビーズの間に針を入れます。

## ▶ スパンコールの刺し方

スパンコールを刺すときは糸を見せたり、糸を隠したりして刺す方法があります。

### ✳ 糸を隠す重ね刺し

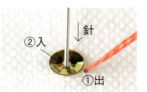 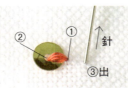 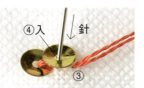 

**1** ①に針を出して1個めのスパンコールを置き、中心に針を刺し入れます。

**2** スパンコール半径分の③に針を出します。

**3** 2個めのスパンコールを1個めに重ね、中心に針を刺し入れます。

**4** 1個めのスパンコールをとめた糸が、隠れました。

### ✳ 糸を見せる重ね刺し

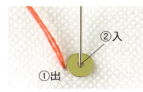 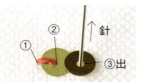 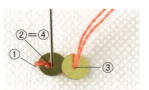 

**1** ①に針を出してスパンコールを置き、中心に針を刺します。

**2** やや重ねて2個めのスパンコールを置き、中心に針を出します。

**3** 1個めのスパンコールの中心に針を刺し入れます。

**4** 刺した糸を見せる刺し方です。

### ✳ 十字どめ

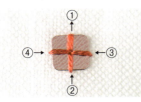

中心から出し①へ、②から出し中心へ、③から出し中心へ、④から出し中心への順に刺します。

### ✳ 両側どめ

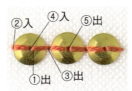

針を①から出しスパンコールを通したら②に入れ、③に針を出して、①と同じ④に入れます。スパンコールの間は、糸1～2本分あけるくらいがきれいです。

---

 **アドバイス** 途中で糸を替えるには

**1** ビーズとビーズの間に、新しい糸を通した針を出します。

**2** 最後のビーズに針を通し、さらに新しいビーズを通します。

**3** 針を布に刺し入れます。

# ビーズ刺しゅう　Beads & Spangle　図案デザイン・制作／あべまり

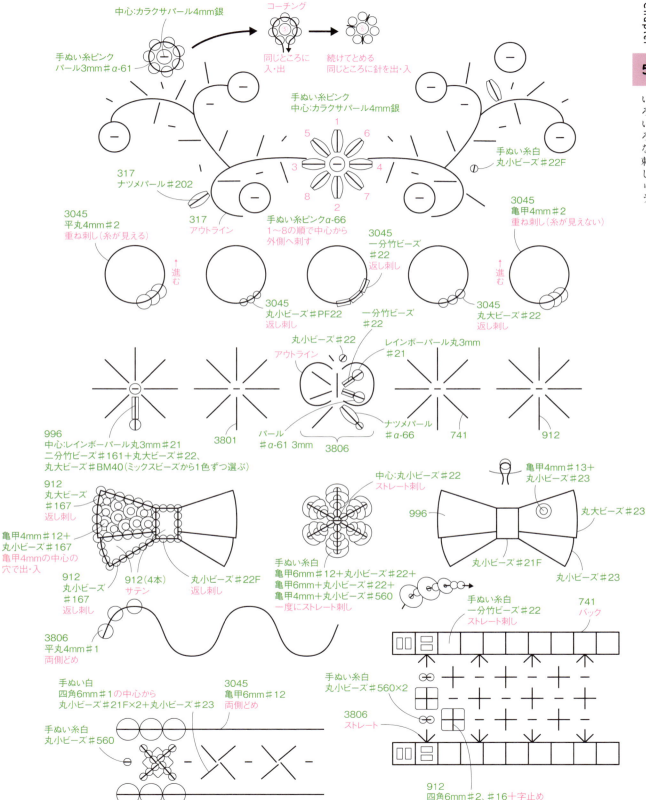

# Various Embroidery ③ RIBBON リボン刺しゅう

刺しゅう糸の代わりに、刺しゅう用のリボンを使ってステッチします。
リボンの幅や質感を生かした立体感のある仕上がりになり、花びらなどを表現するのに適しています。

### 針

先がとがった専用の針で、針穴はリボンが通しやすいよう長くなっています。リボンの幅が広ければ太タイプ、狭ければ細タイプを使います。針先が丸いニット地用は、スパイダーウェブローズステッチなど、軸の糸をくぐらせるときに使用します。

### 刺しゅう用リボン

刺しゅう用リボンは、幅や素材、色が豊富。40cmほどの長さに切って刺します。

① ポリエステル3.5mm幅　④ オーガンジー 5mm幅
② ポリエステル7mm幅　　⑤ グラデーション6mm幅
③ 絹100% 4mm幅　　　　⑥ ラメ3.5mm幅
　　　　　　　　　　すべてMOKUBA

### 刺しはじめ　玉結びを作ってはじめます。

**1** リボンの先を斜めに切って、針に通します。
**2** もう一方のリボンの先に針を刺して抜きます。
**3** 針を引いてできた輪に針をくぐらせます。
**4** 針を引くと結び目の完成です。

### 刺し終わり　裏側で糸をくぐらせます。

**1** 刺し終わったら、布の裏で針にリボンを1回巻きます。
**2** 糸を引いて結び目を作ります。
**3** 裏に渡ったリボンに針をくぐらせます。
**4** リボンを切ります。

## ▶ リボン刺しゅうの刺し方

フランス刺しゅうと同じステッチと、リボン刺しゅう独自のステッチがあります。

### ✳ フランス刺しゅうと同じステッチ

フランス刺しゅうと同じ刺し方をするステッチもあります。Chapter2を参考に刺してみましょう。

 サテンステッチ　 アウトラインステッチ　 フレンチノットステッチ　 フライステッチ

### ✳ ストレートステッチ

まっすぐ一目ずつ刺します。

 アドバイス

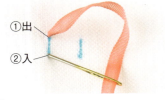

**1** ①から針を出して②に入れます。

**2** 一目刺したところです。

ふんわり表現したい場合は、ゆるめに刺します。

### ✳ リボンステッチ

リボンの端がくるんとまるまり、花びらのようになります。

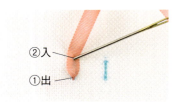

**1** ①から出し、上から針を刺して裏側に引きます。その際にリボンを引きすぎないこと。

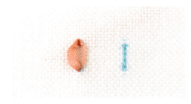

**2** 一目できあがりました。

**3** 2目刺したところ。針目の上のほうがくるんとなります。

### ✳ ループステッチ

輪を作って刺しとめます。

**1** ①から針を出します。

**2** 図案の長さに合わせて折って輪を作り、根元の①と同じところに刺し入れます。

**3** ループステッチの完成。

Various Embroidery ③ **RIBBON** リボン

## ✳ アコーディオンステッチ

リボンを蛇腹に折りたたみ、ぬいつけるステッチです。

**1** ①から針を出し、リボンの根元から5cmくらいのところで針に1回巻きつけます。

**2** リボンに針を通します。

**3** そのまま針目約1cmで、リボンを並ぬいします。

**4** ①から少しずらした②へ針を入れます。

**5** 1で巻いたリボンがゆるまないよう引いて、針を裏側に引き抜きます。

**6** 形を整えます。

## ✳ スパイダーウェブローズステッチ

糸をくぐらせてバラの花のように仕上げます。

**1** 25番刺しゅう糸2本どりで外から中心へ放射状に5本刺します。

**2** 中心のすぐきわからリボンを通した針を出し、1本おきに針をくぐらせます。

**3** リボンを少しねじりながらくぐらせ、ボリュームを出します。

**4** 刺しゅう糸が見えなくなるまでくぐらせたら、裏側に針を引き抜いて始末します。

## ✳ ギャザードローズステッチ

糸でぬってひだを寄せた花びらのようなステッチです。

**1** リボンを図案の中心に出し、手ぬい用の糸と針で中心から10cmくらいを細かくぐしぬいします。

**2** 糸を引いて縮めてひだを寄せ、中心に針を入れてとめます。

**3** リボンは裏側へ出して結んでとめます。

## ✳ バスケットフィリング

かごの編み目のようなステッチです。

1 縦のラインをストレートステッチで刺します。

2 横ラインは、先の丸いニット用針を使い、リボンを交互にすくって編むようにぬいます。

3 下から上まで編んで完成です。

## ✳ レゼーデイジーステッチ

基本のステッチですが、リボンならではのボリュームが出ます。

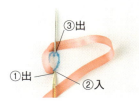
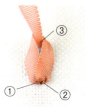

1 ①に出して同じ穴の②に入れ、③から出し、ねじれないようリボンを針に巻きます。

2 リボンを引き出します。

3 ④に入れます。

## アレンジ ✳ パンジー

2色のリボンでパンジーの花を表現するステッチです。

1 紫のリボン（幅7mm）4cmを、中心にV字に折って、写真のようにぐしぬいします。

2 ぐしぬいの糸を引き、縮めてひだを寄せます。

3 ピンクのリボン（幅7mm）6cmを、3分の1ずつ折り、まわりをぐしぬいします。

4 3のぐしぬいの糸を引き縮めてひだを寄せます。

5 上に紫、下にピンクを組み合わせて、布にぬいつけます。

 アドバイス

### 花の中心にビーズを刺して花心に

花心の位置にビーズを刺すと、一段と優雅な印象になります。

# リボン刺しゅう / Ribbon

図案デザイン・制作／井上ちぐさ

Chapter 5 いろいろな刺しゅう

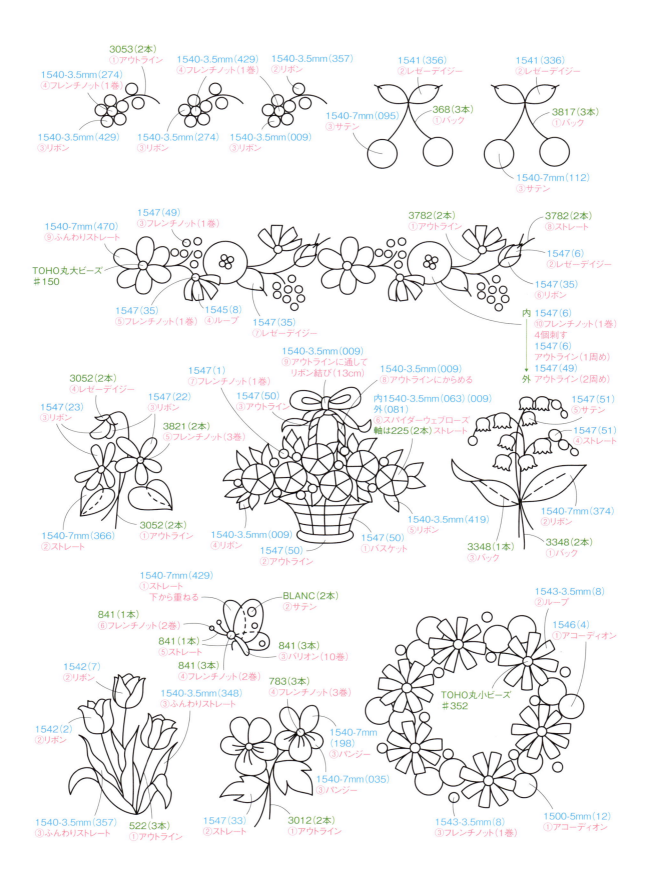

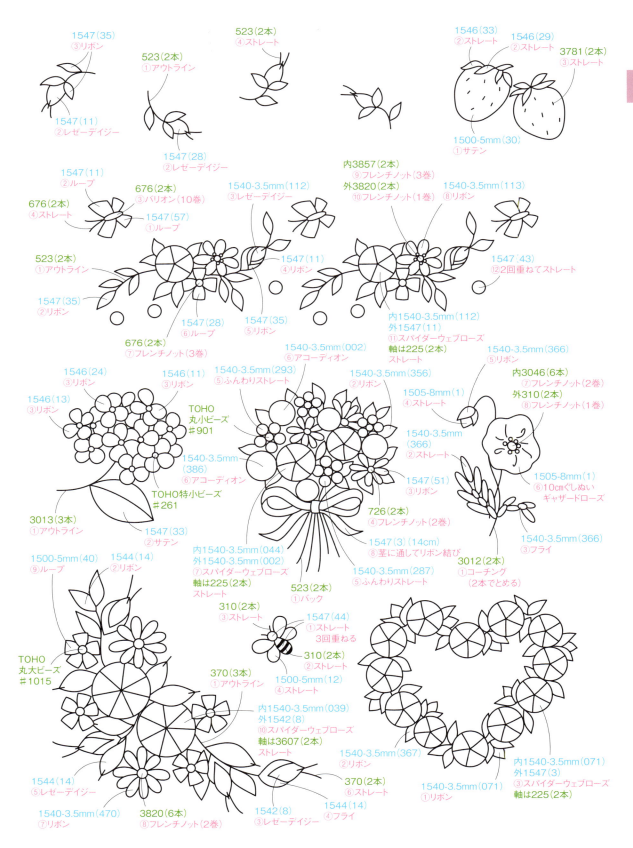

## COLUMN

# 紙に刺しゅうをして楽しむ

刺しゅうは布だけでなく、紙にも刺すことができます。
贈りものに刺しゅうのカードを添えて、気持ちを伝えてみましょう。

**紙刺しゅうの道具**

1 目打ち
2 トレーサー
3 鉛筆
4 カッティングマット
5 糸切りばさみ
6 刺しゅう針

**使う図案**

☑ CHECK!

## 紙刺しゅうのやり方

何度も針で刺して穴を作ってしまうと、やぶけやすくなってしまいます。
あらかじめ穴をあけておき、その穴に糸を通して作ります。

● 図案の写し方

1 図案をコピーして、裏側を鉛筆で塗りつぶします。

2 刺しゅうをする紙に、1で塗った面を下にして重ね、上からトレーサーでなぞります。

3 カッティングマットの上で糸を通す穴をあけます。

● 刺しはじめ　　　　● 刺し終わり

裏

玉結びを作って、紙の裏側から針を入れ、刺しはじめます。

1 玉結びをするか、裏側に渡った糸に2～3回絡めてから糸を切ります。

2 かわいい柄のマスキングテープなどで固定しておいてもよいでしょう。

💬 アドバイス

### フランス刺しゅうと同じステッチでもステッチの穴はなるべく共有して

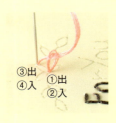

**レゼーデイジーステッチ**

①から針を出して糸を引き出し、糸をループ状に残して同じ穴の②に針を入れます。③から針を出してループに糸を通し、針目を調節して同じ穴の④に戻します。

③出
④入　①出
　　　②入

**フレンチノットステッチ**

①から針を出して糸を引き出し、針先に2回巻きつけます。同じ穴の②に針を入れ、糸を引いてたるみをなくしてから針を抜きます。

①出
②入

**監修 川畑杏奈**（かわばた あんな）
Chapter 1、2の刺しゅうの基礎部分とCOLUMNを監修。
幼稚園教諭を務めたのち、2006年よりannas（アンナス）というレーベル名で刺しゅう作家としての活動を開始。刺しゅう教室『Atelierアンナとラパン』主宰。『annasのもじの刺繍』（光文社）、『ワードローブを彩るannasの刺しゅう教室』（高橋書店）他著書多数。小説表紙装画、挿絵、菓子パッケージ、広告等の刺しゅうアート制作も行う。

| | |
|---|---|
| 刺しゅう図案 | あべまり／P180-181 |
| デザイン・制作 | 石井寛子／P118-121 |
| （五十音順） | 井上ちぐさ／P186-189 |
| | 大菅絵理（AIUTO!）／P78-81、98-101、110-113、154-156 |
| | kanaecco／P62-65、70-73、157-159 |
| | 川畑杏奈／P42-49、122-125 |
| | 北村絵里（coL）／P106-109、130-137、160-163 |
| | ささきみえこ／P74-77、82-85、164-166 |
| | 薗部裕子（マルチナチャッコ）／P90-93、126-129、144-145 |
| | 早川久絵（pulpy。）／P94-97、114-117、148-151 |
| | 平泉千絵／P172-175 |
| | 前田まどか（madoka）／P86-89、102-105、146-147 |
| | PieniSieni／P54-57 |
| | マカベアリス／P50-53、58-61、66-69、142-143、152-153 |

| | |
|---|---|
| クロスステッチ監修 | 平泉千絵 |
| ビーズ刺しゅう監修 | あべまり |
| リボン刺しゅう監修 | 井上ちぐさ |
| 撮影 | 渡辺淑克 |
| スタイリング | 大原久美子 |
| デザイン | 八木孝枝 |
| DTP | 有限会社エムアンドケイ |
| 図案トレース | 関 和之（株式会社ウエイド） |
| 制作協力 | 齋藤深雪 |
| 校閲 | 向井雅子 |
| 編集協力 | 大野雅代（クリエイトONO） |

## はじめてでも上手にできる 刺しゅうの基本

| | |
|---|---|
| 監修者 | 川畑杏奈 |
| 発行者 | 若松和紀 |
| 発行所 | 株式会社 西東社 |
| | 〒113-0034　東京都文京区湯島2-3-13 |
| | https://www.seitosha.co.jp/ |
| | 電話　03-5800-3120（代） |

※本書に記載のない内容のご質問や著者等の連絡先につきましては、お答えできかねます。

落丁・乱丁本は、小社「営業」宛にご送付ください。送料小社負担にてお取り替えいたします。
本書の内容の一部あるいは全部を無断で複製（コピー・データファイル化すること）、転載（ウェブサイト・ブログ等の電子メディアも含む）することは、法律で認められた場合を除き、著作者及び出版社の権利を侵害することになります。代行業者等の第三者に依頼して本書を電子データ化することも認められておりません。

ISBN 978-4-7916-2616-8